温程，国内趋势交易体系创始人

————— 何为股神？ —————

神即道，道即规律，万物皆有规律。按照股市运行规律办事的人，都是股神。

股市或涨或跌，都是客观存在，不因谁的主观意志而改变。一切外在因素，可以引发股市的异动，却无法改变股市运行的基本规律。

阅读·分享·精进

舵手读书会趋势体系定制会员

认知趋势 尊重趋势 顺势而为

- 每日参与高质量的会员群实战交流
- 每月体验会员线上直播平台互动交流
- 参与定期举办的线下的趋势交易系统阅读活动，搭建自己的交易体系
- 参与定期举办的线下的技术分析专题或中长线价值投资专题阅读活动
- 参与为会员定制的专属主题文旅之行，劳逸结合边学边玩
- 参与有投资大咖出席的自由交流沙龙
- ……

微信扫码 了解详情

股市趋势交易大师 ①

万宗归于趋势

温程 翁凯锐 ◎ 著

山西出版传媒集团
山西人民出版社

图书在版编目（CIP）数据

股市趋势交易大师.1，万宗归于趋势 / 温程，翁凯锐著.
— 太原：山西人民出版社，2022.8（2022.11 重印）
ISBN 978-7-203-12333-0

Ⅰ.①股… Ⅱ.①温… ②翁… Ⅲ.①股票投资—投资分析
Ⅳ.① F830.91
中国版本图书馆 CIP 数据核字 (2022) 第 122871 号

股市趋势交易大师 1：万宗归于趋势

著　　者：温　程　翁凯锐
责任编辑：孙　琳
复　　审：崔人杰
终　　审：贺　权
装帧设计：王　静

出 版 者：山西出版传媒集团·山西人民出版社
地　　址：太原市建设南路 21 号
邮　　编：030012
发行营销：0351-4922220　4955996　4956039　4922127（传真）
天猫官网：https://sxrmcbs.tmall.com　电话：0351-4922159
E - m a i l：sxskcb@163.com　发行部
　　　　　　sxskcb@126.com　总编室
网　　址：www.sxskcb.com

经 销 者：山西出版传媒集团·山西人民出版社
承 印 厂：廊坊市祥丰印刷有限公司

开　　本：710mm×1000mm　1/16
印　　张：16
字　　数：207 千字
版　　次：2022 年 8 月　第 1 版
印　　次：2022 年 11 月　第 2 次印刷
书　　号：ISBN 978-7-203-12333-0
定　　价：198.00 元

如有印装质量问题请与本社联系调换

前言 1

从我开始学习股票投资直到现在，市场上最传统、最常见的选股方法是基本面选股（价值投资）和技术选股（题材投机）。16年来，我逐渐完善自己的趋势交易体系，把长期以来价值派和技术派的争议和分歧进行整合，把趋势交易作为股票投资最核心的体系。

股票投资，不管是价值派还是技术派，只要个股启动拉升，产生赚钱效应，最终都要进入上升通道，形成上涨趋势。不管是价值股还是题材股，不管是中长线模型还是短线模型。资金和筹码如何博弈，趋势都是其最终结果和体现，即万宗归于趋势！

万宗归于趋势，这几个字乍看让人感觉有些狂妄，但是细细品味，这几个字只是在安安静静地阐述一个道理，也是宇宙间最朴素的真理：顺势者盈，逆势者损，认知趋势，尊重趋势，顺势而为。

在趋势交易体系中，我把"价值股"也归为题材的一种。基本面盈利改善，出现业绩拐点，本质上也属于题材炒作的范畴，只不过炒作的题材是"业绩"。

因此，股票投资，我们要重点关注趋势的运行和转换。我相信在将来，趋势投资理念将会被越来越多人认知、学习和接受，成为投资市场中最主流的投资理念和方法。

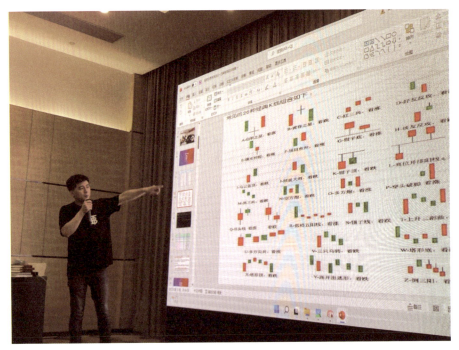

图 P1-1　在读书会主题阅读活动中讲解 K 线组合

图 P1-2　在读书会主题阅读活动中讲解趋势体系

前言 2

进入股市以来，我读遍国内外大部分关于股市运行规律的书籍，研究了市面上大多数的理论和方法，尝试以更加简单、有效、易懂的形式，去理解和总结具有中国 A 股特色的股市运行规律。

中国股民长期以来用于分析股市运行规律的方法，大部分是道氏理论、波浪理论、基本面分析，等等。少数比较有经验的老股民，自行归纳总结出一些方法，但是不成体系，也难于传授、传承。甚至一部分职业投资者，或是效仿国外的价值投资理念，或是遵从于教科书中的教条。总之，适合中国 A 股特色的系统化理论体系和方法论极少。至于斐波那契周期、黄金分割、MACD、KDJ 等技术指标，只能片面地用于辅助交易。

多年来，我读遍天下书、请教众多前辈高手、做了大量成败交易的分析和总结，逐渐地，我将道氏理论的趋势、江恩理论的周期和位置、波浪理论的周期和形态、利弗莫尔的热点和股性、民间游资的人气情绪和资金运作、筹码分布等理论方法融会贯通，吸取精华，形成了一套具有中国股市特色的趋势交易体系。趋势交易体系的理念就是顺势者盈，逆势者损，认知趋势，顺势而为。

《股市趋势交易大师 1：万宗归于趋势》主要阐述了趋势交易的基本理念和技术，筹码量价关系、深入系统地分析上市公司的基本面内涵、业绩排雷和中长线交易模型的运作特点。《股市趋势交易大师 2：龙头作手》主要阐述了短线交易的"三元一催化"理念、短线交易的模型、题材的挖掘、周期人气等，主要是短线"打板"交易的理念和技术。

    我花费了整整 16 年的时间和心血，来完成整个趋势交易系统，目的只有一个，那就是建立适合中国股市特点的交易体系。用 16 年的时间和心血铸成一把剑，既是对自己之前投资生涯的总结，也是今后投资人生的一个崭新起点。

温程

2020 年春节　苏州

图 P2-1　舵手读书会主题阅读活动现场

目　录

第一章　趋势交易总论

在纷繁复杂的股市中，涨跌起伏变幻莫测，让人理不清头绪。面对处处充满诱惑和陷阱的股市，投资者应该如何应对，才能够趋利避险呢？

作者经过 16 年在股市中的学习、实战、研究和总结，创立了一套适合中国股市的交易体系，这就是趋势交易体系。

趋势交易体系将复杂的股市运行形态和运行周期进行划分。

将股市的运行形态划分为：上升趋势、下降趋势、震荡趋势三种趋势形态。

将股市的运行周期划分为：牛市启动阶段、主升段、头部区间、主跌段、除杂草、向下砸出建仓空间、大资金大级别建仓、洗盘磨底阶段等八个小周期。

在股市运行的不同周期，根据不同区间的趋势特点和交易原则，制定相应的投资策略和科学的仓位管理，使得投资交易变得简单、明确、有效。

趋势交易体系的核心理论是：

趋势为主导，波段来操作。

选股选龙头，顺着题材走。

动手抓启动，不要去死守。

止损要果断，仓位控风险。

盈多胜小亏，时间好伙伴。

何为趋势？

趋，即方向。势，即能量。

趋势，即向某一方向形成明确的运行轨迹及内在蕴藏的能量。

趋势一旦确立，或大或小，方向轻易不会改变，能量轻易不会消退。

　　举个形象的例子，一列火车从开始准备到缓缓启动，从加速运行到快速平稳行驶，一旦形成向前运行的方向和动能，巨大的惯性必将随之产生，一般的外力无法轻易改变其内在的运行轨迹，使之戛然停止，这，就是趋势！

　　股市的运行趋势，本质上是形成股市的内在运行方向、动能和惯性，一旦形成明确的运行趋势，轻易不会改变其运行的方向和轨迹。如果没有弄清楚趋势运行的基本规律，投资股市注定要失败，或始终禁锢于"稀里糊涂赚钱、稀里糊涂赔钱"的牢笼中。

　　趋势交易体系的理论和方法，既适用于分析大盘指数，也适用于研判个股。本书的内容将围绕趋势交易的核心理论展开。

　　股市的运行分为上升趋势、下降趋势和震荡趋势这三种趋势形态，分别衍生出上升通道、下降通道和阻尼运动。这三种趋势形态与不同的运行周期相结合，构成了复杂多变的股市行情。股市运行是有规律可循的，运用趋势理论和方法进行分析判断，绝大部分问题都将迎刃而解。

　　趋势的划分和确立需要两个核心指标：一是均线系统；二是趋势线系统。二者必须结合运用，缺一不可。之所以能够成为确认趋势的核心指标，是因为均线和趋势线均具有方向性，因此，只要同时符合这两个条件就可以明确运行趋势。

　　而成交量、筹码分布、MACD等指标，因其不具有方向性，只能作为趋势交易的辅助指标。例如，成交量出现放量，可以出现在上升通道，也可以出现在下降通道，可以出现在启动位置，也可以出现在头部区间。再如，筹码集中之后，可以进入上升通道，也可以进入下降通道。MACD出现顶背离，可以是见顶的信号，也可以一直背离持续上涨，等等。

第一节　M60（生命线）

在趋势交易体系中，我称 M60 为生命线，因为 M60 代表着近 60 个交易日的平均持仓成本，是主力资金极其慎重对待的指标。如果个股有主力资金进行参与运作，那么主力资金对待 M60 的态度一般都是非常真实的，因此，把 M60 作为确认趋势的核心指标之一，是十分可靠的。

在趋势交易体系中，我把大盘指数或个股有效突破 M60，并持续运行在 M60 之上的区间，定义为上升通道。如图 1-1 所示。

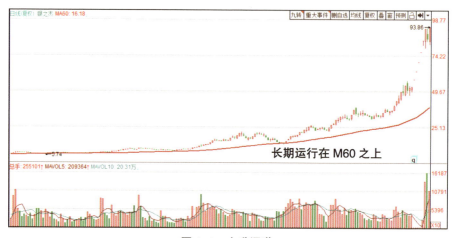

图 1-1　上升通道

在趋势交易体系中，我把大盘指数或个股有效跌破 M60，并持续运行在 M60 之下的区间，定义为下降通道。如图 1-2 所示。

图1-2　下降通道

一、什么是有效突破 M60

有效突破 M60 必须具备三个条件：

（1）收盘要收在 M60 之上。

不管盘中如何震荡，收盘价必须在 M60 之上才是真实的。K 线要求最好是大阳线收盘，强势个股多以涨停板的形式站上 M60。盘中涨幅即使拉升再高，收盘价格无法站上 M60 的，这种突破就是无效突破或者假突破。

（2）有效突破必须要有成交量的配合。

有效突破 M60 时需要有成交量的配合，无法持续放量，行情必不能长久，上涨也将是昙花一现。在量能方面，以持续温和放量或持续堆量的形式最好，启动时缩量或者放量不持续，都是不健康的量能。

（3）有效突破 M60 之后，如果进行回踩确认，一定要受到 M60 的支撑。

同时具备以上三个条件，才是真正的有效突破。如图 1-3 所示。

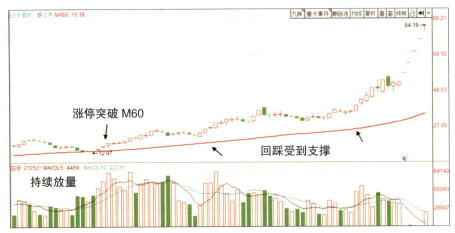

图1-3 银之杰（300085）有效突破 M60

二、什么是有效跌破 M60

有效跌破 M60 同样需要具备三个条件：

（1）收盘要收在 M60 之下。

不管盘中如何震荡，收盘价必须收在 M60 之下才是真实的。K 线要求是大阴线收盘，个股多以跌停板的形式跌破 M60。

（2）有效跌破 M60 如果有成交量的配合，更为真实。

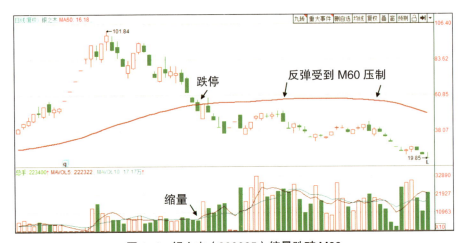

图1-4 银之杰（300085）缩量跌破 M60

如果跌破 M60 时缩量，也属于破位，而且属于更为极端的破位。如图 1-4 所示。

（3）有效跌破 M60 之后，每一次反弹都会受到 M60 的压制而夭折。

同时具备以上三个条件，才是真正的有效跌破。如图 1-5 所示。

图 1-5　长信科技（300088）有效跌破 M60（放量）

A 股历史上的每一轮大级别上涨行情或下跌行情，都是从有效突破 M60 或有效跌破 M60 开始的。如图 1-6、1-7 所示。

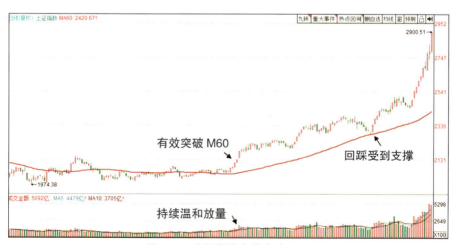

图 1-6　上证指数有效突破 M60

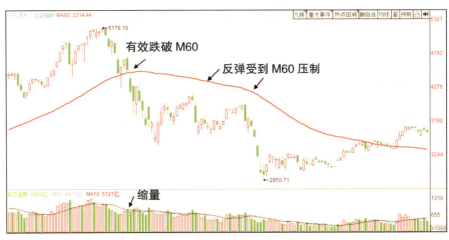

图 1-7　上证指数有效跌破 M60

三、趋势发生转变，M60 的性质也随之发生转变

有效突破 M60、进入上升通道之后，M60 就会产生强大的支撑力量，对上升通道中的每一次回调产生有效支撑。如图 1-8 所示。

有效跌破 M60、进入下降通道之后，M60 就会产生强大的反压力量，对下降通道中的每一次反弹产生有效压制。如图 1-9 所示。

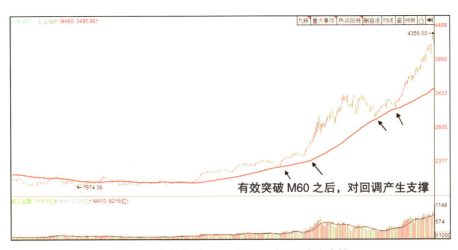

图 1-8　有效突破 M60 之后，对回调产生支撑

图 1-9　有效跌破 M60 之后，对反弹产生压制

第二节　趋势线系统

趋势线系统分为：趋势支撑线和趋势压力线。

一、趋势支撑线

趋势支撑线是由同一个区间（下跌区间或上涨区间或震荡区间）的低点连线构成，在趋势支撑线上的低点越多，就表明该趋势支撑线越有效。如图 1-10 所示。

需要说明一点，在画趋势支撑线或趋势压力线的时候，应该连接 K 线实体的低点或高点，而不应该连接下影线的低点或上影线的高点。因为 K 线实体是经过充分成交的价格区间，而下影线或上影线区间的价格是一过性成交的，并没有经过充分的换手，存在一定的误差。

图 1-10　上证指数的趋势支撑线

趋势支撑线有四个技术特点：

1. 趋势支撑线对同区间的下跌具有一定的支撑作用

在同一区间内，每一次 K 线下跌至趋势支撑线的位置附近，便会产生一定的支撑作用，形成暂时的止跌或反弹。如图 1-11 所示。

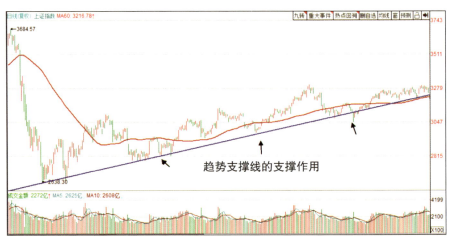

图 1-11　趋势支撑线的支撑作用

2.趋势支撑线能够反映相邻区间的趋势变化

如果相邻两个区间的趋势支撑线斜率发生明显改变，表明后一个区间的趋势发生了根本性转变。如图 1-12 所示，前一个区间的趋势支撑线斜率斜向下，后一个区间的趋势支撑线斜率变平，表明趋势由下降通道转为震荡区间，指数开始止跌。

出现止跌以后，接下来的趋势会如何发展呢？可以看到，在接下来的区间，趋势支撑线的斜率重新变为斜向下，我们由此可以判断，上证指数由止跌重新进入到下降通道。如图 1-13 所示。

图 1-12 相邻区间的趋势支撑线斜率发生转变

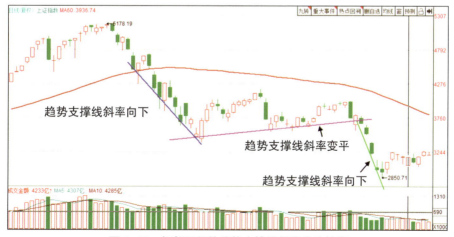

图 1-13 相邻区间的趋势支撑线斜率发生转变

3.跌破上升通道的趋势支撑线，标志着上涨趋势的终结

每一个上升通道都对应着一根趋势支撑线，大区间有大周期的趋势支撑线，小区间有小周期的趋势支撑线。如果跌破上升通道的趋势支撑线，标志着相应上升通道的上涨趋势即将终结。如图 1-14 所示。

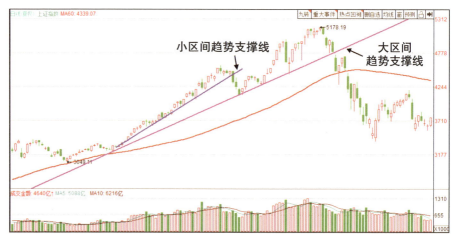

图 1-14　上证指数跌破趋势支撑线

4.趋势支撑线的反压作用

趋势支撑线对区间内的低点具有支撑作用，每次下跌至趋势支撑线附近，便会产生支撑作用，形成反弹。但是，当趋势支撑线被跌破之后，趋势支撑线就会失去对本区间的支撑作用，之后，将对下一个相邻区间产生一定的反压作用，使得下一个相邻区间的反弹受到压制。如图 1-15 所示。

以上证指数为例，下图为 2017 年 5 月 25 日至 2017 年 11 月 22 日期间的一轮上涨行情。在上升通道中，趋势支撑线对每一次回踩都产生了有效的支撑作用。当 2017 年 11 月 23 日趋势支撑线被跌破之后，这种支撑作用就转变为对下一个相邻区间上涨的巨大压力。趋势支撑线跌破之后，上升趋势就会发生根本性转变，由原来的上升趋势转变为震荡趋势或者下跌趋势。

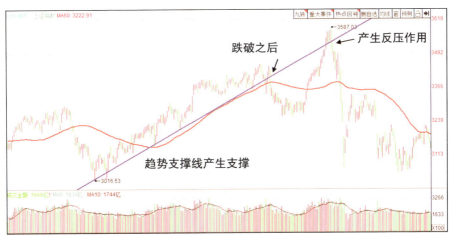

图1-15 跌破趋势支撑线后产生反压作用

二、趋势压力线

趋势压力线是由同一个区间（下跌区间或上涨区间或震荡区间）的各个反弹高点连接而成。在趋势压力线上的高点越多，就表明该趋势压力线越有效。如图1-16所示。

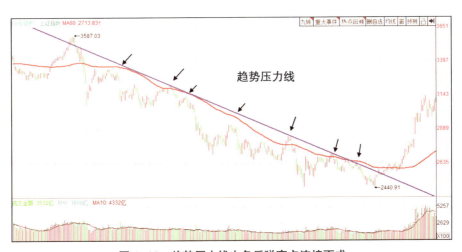

图1-16 趋势压力线由各反弹高点连接而成

趋势压力线有两个技术特点：

1.趋势压力线对本区间的反弹具有一定的反压作用

在区间运行中，每一次上涨至趋势压力线附近，就会产生反压作用，使上涨受到压制而出现回调，重新回到原来的运行区间。图 1-16 是下降区间的趋势压力线，图 1-17 是震荡区间的趋势压力线，图 1-18 是上升区间的趋势压力线。

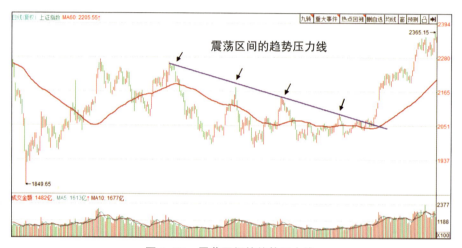

图 1-17　震荡区间的趋势压力线

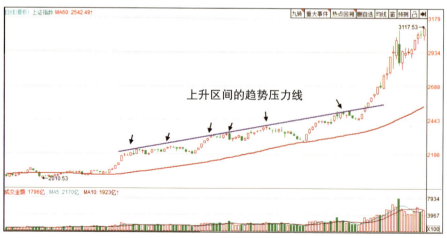

图 1-18　上升区间的趋势压力线

2.突破趋势压力线，标志着下一个区间趋势的转变

（1）突破上升通道的趋势压力线，标志着下一个相邻区间转为加速上涨。如图1-19所示。

（2）突破震荡区间（阻尼运动）的趋势压力线，往往标志着上升通道的开启。如图1-20所示。

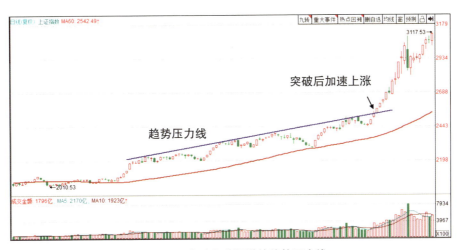

图1-19　突破上升通道的趋势压力线

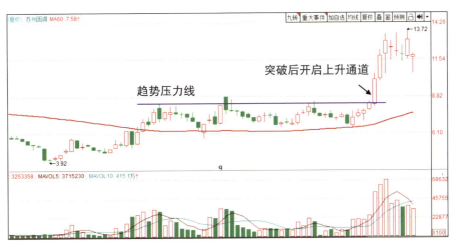

图1-20　突破震荡区间的趋势压力线

（3）突破下降通道的趋势压力线，标志着下一个相邻区间的运行不再受到趋势压力线的压制，后市甚至可能发生趋势的根本性转变，从而进入上升通道。如图1-21所示。

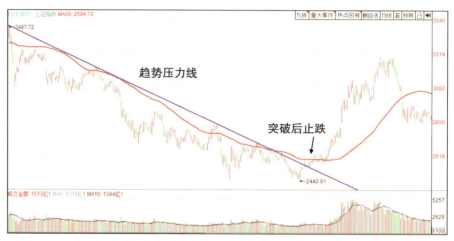

图1-21　突破下降通道的趋势压力线

第三节　趋势区间的划分

上升趋势、下降趋势和震荡趋势这三种趋势运行形态分别衍生出上升通道、下降通道和阻尼运动，复杂多变的股市运行就是由这三种运行方式所组成。

判断趋势区间的周期，一般选用周线级别，趋势看周线，交易看日线。当然，趋势交易体系所涉及的技术均适用于周线级别和日线级别，区别是周线级别属于大周期操作，日线级别属于小周期操作。

一、上升通道

在趋势交易体系中，我把同时具备有效突破M60和趋势支撑线斜向上的运行区间，定义为上升通道。

1. 周线级别的上升通道

以周线为例，2014年7月到10月上证指数周线级别出现了持续温和放量，站稳周线 M60，而且回踩周 M60 受到支撑，实现了有效突破周线 M60。如图 1–22 所示。

趋势支撑线的斜率由平行变为斜向上，标志着上证指数周线级别进入上升通道。如图 1–23 所示。

同时具备有效突破周线 M60 和趋势支撑线斜向上的区间，就是上升通道。如图 1–24 所示。

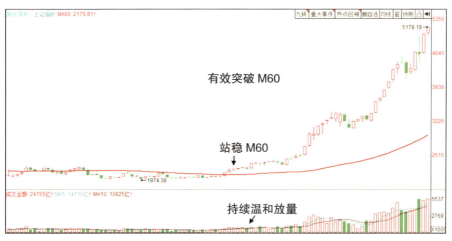

图 1–22　有效突破周线 M60

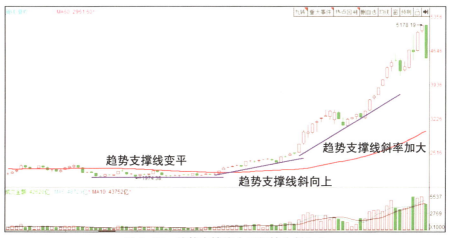

图 1–23　趋势支撑线由平行转为斜向上

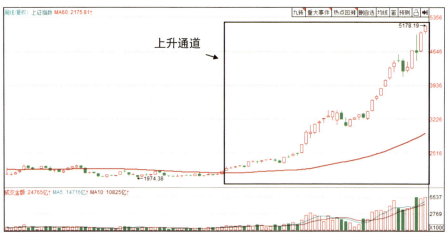

图 1-24　周线级别的上升通道

2. 日线级别的上升通道

2014 年 7 月 22 日到 2014 年 7 月 28 日上证指数日线级别出现了持续温和放量，站稳日线 M60，之后回踩 M60 受到支撑，实现了有效突破日线 M60。如图 1-25 所示。

趋势支撑线如图 1-26 所示，斜率由平行转为斜向上，标志着上证指数日线级别进入上升通道。

同时具备有效突破日线 M60 和趋势支撑线斜向上的区间，就是上升通道。如图 1-27 所示。

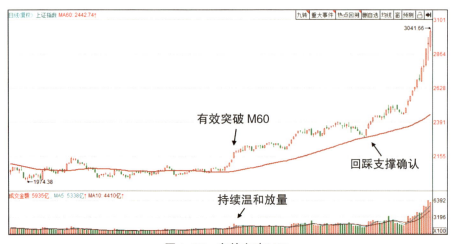

图 1-25　有效突破 M60

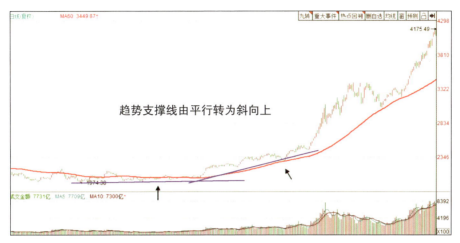

图1-26　趋势支撑线由平行转为斜向上

图1-27　日线级别的上升通道

　　回顾我每一次盈利的交易，绝大部分是因为买入并持有进入上升通道的股票。对于普通股民来说，在股市进行投资交易的原则，一定要把握趋势性买入机会，只买入进入上升通道的股票。

　　上升通道一旦开启，上升趋势的动能是持续的，或短或长，轻易不会改变。M60生命线和趋势支撑线都将对上升通道中的每一次回调产生有力的支撑，使得上升趋势继续运行，在上涨动能没有完全释放结束之前，上升趋势不会轻易改变。

19

二、下降通道

与上升通道的确认有一点不同，下降通道的确认，需要选用日线级别。周线级别的确认固然可靠，但是，下降通道的开启往往比较迅猛，需要更加灵敏的确认周期，因此，下降通道的确认采用日线级别。

确定下降通道需要一个前提条件，即首先要跌破上升通道的趋势支撑线。之后，同时具备有效跌破 M60 和趋势支撑线斜向下的运行区间，我将其定义为下降通道。

1. 跌破上升通道的趋势支撑线，是确定下降通道的前提条件

一轮上涨行情的主升段往往是由一个或多个上升通道组合而成，趋势支撑线也由此分为整个大周期上升通道的趋势支撑线和每一个小周期上升通道的趋势支撑线。如图 1-28、1-29 所示。

趋势支撑线是行情进入上升通道之后最重要的"安全带"，我常常把买入交易和画好趋势支撑线比作"上车"和"系好安全带"的关系，"上车"就要立即"系好安全带"。

图 1-28 大周期的趋势支撑线

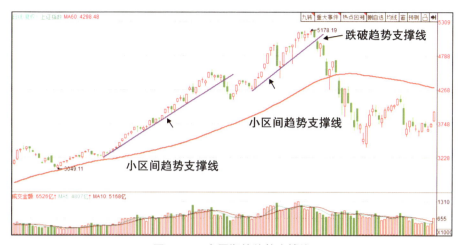

图1-29　小周期的趋势支撑线

2. 有效跌破M60，是确认下降通道的必要条件之一

上证指数日线级别在2015年6月26日以大阴线的形式跌破M60，之后，每一次反弹都受到M60的反压，实现了有效跌破M60。如图1-30所示。

图1-30　上证指数有效跌破M60

3. 趋势支撑线斜向下，是确认下降通道的必要条件之一

趋势支撑线斜率由斜向上转为斜向下，标志着上证指数日线级别

图 1-31　趋势支撑线斜向下

图 1-32　确认下降通道

进入下降通道。如图 1-31 所示。

日线级别，跌破上升通道的趋势支撑线之后，同时具备有效跌破 M60 和趋势支撑线斜向下的区间，就是下降通道。如图 1-32 所示。

回顾大部分亏损的交易，往往是因为买入并持有进入下降通道的股票。对于大多数投资者来说，一定要坚决回避进入下降通道的股票。

当大盘指数进入下降通道之后，将产生"覆巢之下无完卵"的连锁反应，大部分个股都将无法逃脱跟跌的命运，永远不要小视大盘杀跌对个股的影响！指数进入下降通道之后，大盘反弹时，个股不一定跟涨；大盘杀跌时，个股大多会选择跟跌，而且下跌往往比大盘更加极端。因此，永远不要逆势操作，也不要迷信个股会强大到不理会大盘杀跌而独善其身。要把"顺趋势者盈，逆趋势者损"的理念牢牢记在心里！

下降通道一旦开启，下跌趋势的动能是持续的，或短或长，轻易不会改变。M60生命线和趋势压力线都将对下降通道中的每一次反弹形成强大的压制，使得下跌趋势继续运行。在下跌动能没有完全释放结束之前，下跌趋势不会轻易改变，早期快跌莫抄底，地量缓跌到尽头。

下降通道的开启，往往是以暴跌的形式，前期的跌幅一般比较大，极端时短期跌幅可以超过30%。一旦杀跌暂时停止，进入短暂的整理状态，切不可耐不住寂寞和诱惑，迫不及待地进场抄底。地板下面还有地下室，地下室下面还有"地狱"！只有耐心等待做空量能完全衰竭之后，下降通道才有可能进入尾声。

第四节　阻尼运动

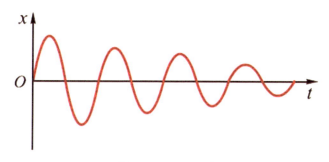

图 1-33　阻尼运动

阻尼运动在物理学上是振幅越来越小的机械运动，如图1-33所示。

在股市的三种运行趋势之中，最常见的就是阻尼运动。阻尼运动，又称箱体运动或平台整理，由震荡趋势衍生而来。标准的阻尼运动由趋势支撑线、趋势压力线、成交量、末端的方向选择这四个要素组成。

阻尼运动在股市运行中无处不在，可以出现在行情的底部区间、头部区间、上涨中继（"空中加油"）、下跌中继（M120小平台）、建仓、洗盘等各个位置和区间。

一、阻尼运动的四要素

1. 趋势支撑线

由本区间的各低点连接而成，对本区间内的下跌具有支撑作用。一般来说，在阻尼运动中，各低点的位置是逐渐抬高的，提示做空动能的逐渐释放。

2. 趋势压力线

由本区间的各高点连接而成，对本区间内的上涨具有反压作用。一般来说，在阻尼运动中，各高点的位置是逐渐降低的，提示做多动能的逐渐释放。

3. 成交量

阻尼运动的量能变化比较复杂，主要分为以下几种情况，需要具体情况具体分析。

（1）建仓洗盘。

以建仓洗盘为目的的阻尼运动，成交量往往是上涨放量，下跌缩量，提示主力资金一边吸筹一边洗盘的建仓动作。

西藏发展（000752）以阻尼运动的形式进行日线级别的建仓行为，主力资金一边建仓一边洗盘，如图1-34所示，建仓完成之后挖了"散兵坑"，之后启动行情。

苏州固锝（002079）以阻尼运动的形式进行周线级别的建仓行为，主力资金一边建仓一边洗盘，之后直接启动行情。如图1-35所示。

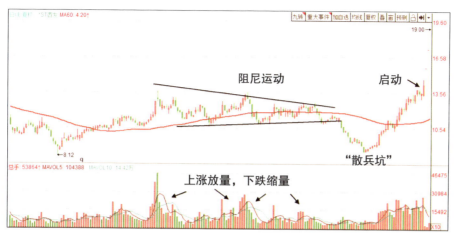

图 1-34　西藏发展（000752）阻尼运动（日线）进行建仓

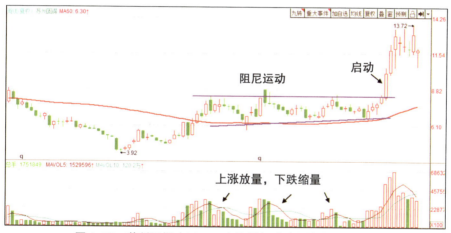

图 1-35　苏州固锝（002079）阻尼运动（周线）进行建仓

（2）"空中加油"。

在上升通道的中继，也会出现阻尼运动，即"空中加油"技术形态。"空中加油"的成交量变化可以分为两种：

＊低点缩量、高点缩量

在整个阻尼运动的运行过程中，上涨、下跌一直缩量，没有出现放量，表明主力资金已经实现高度控盘，正在准备下一轮的拉升。如图 1-36 所示。

图1-36 "空中加油"高低点都缩量

*上涨放量、下跌缩量

如果主力资金前期没有拿到足够的筹码，也会出现上涨放量、下跌缩量的量能表现。

（3）阻尼运动末端的成交量。

阻尼运动的本质，是主力资金进行筹码整理的过程，不管是建仓洗盘还是"空中加油"，主力资金最终都要完成对筹码的锁定，因此，有效的控盘、锁筹在阻尼运动末端量能一定是缩量的，筹码处于高度锁定状态，才能表明整个阻尼运动的运作是有效的。如图1-37、1-38所示。

图1-37 日线阻尼运动末端缩量

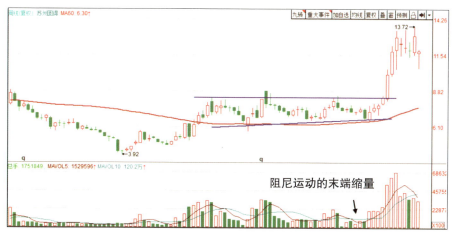

图 1-38　周线阻尼运动末端缩量

当阻尼运动的末端出现成交量放大时，如图 1-39 所示，说明整个阻尼运动的运作是无效的，提示主力资金最终无法完成或者不想完成对筹码的控盘，不管是控筹失败还是进行出货，最终的结果都是筹码出现松动、产生分歧，如图 1-40 所示。因此，这样的量能是不健康的。

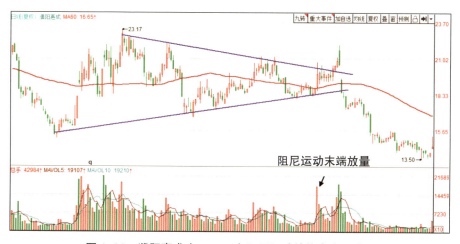

图 1-39　濮阳惠成（300481）阻尼运动箱体内末端放量

4. 阻尼运动末端方向的选择

阻尼运动的产生，既是做多动能的释放，又是做空动能的释放，

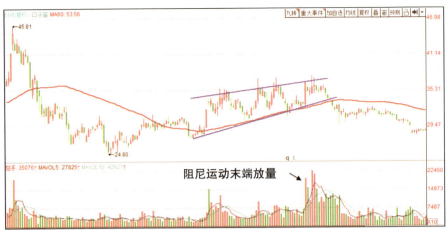

图 1-40　口子窖（603589）阻尼运动箱体内末端放量

市场上多空双方的动能暂时达到平衡状态，停止了一边倒的单边趋势。然而，这种平衡状态是暂时的，在阻尼运动的末端，市场一定要对后市的方向进行选择，决定下一个区间的趋势方向。阻尼运动本身是没有方向的，因此，只能作为判断趋势的辅助指标。即使阻尼运动末端实现了筹码的高控状态，未来的趋势既可以进入到上升通道，也可以进入到下降通道，主要取决于阻尼运动末端方向的选择。

（1）个股在阻尼运动末端选择向上突破。如图 1-41 所示。

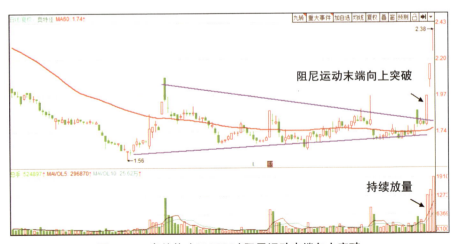

图 1-41　奥特佳（002239）阻尼运动末端向上突破

选择向上突破箱体时，箱体外的成交量最好是持续放量。

（2）个股在阻尼运动末端选择向下突破。如图1-42所示。

选择向下突破时，成交量可以放大，也可以缩小，只要跌破趋势支撑线，就是破位。当然，跌破趋势支撑线时出现放量，破位信号更加可靠。

西藏发展（000752）启动之前以阻尼运动的形式进行建仓，之后挖了"散兵坑"进行洗盘，然后启动行情。建仓完成之后，阻尼运动末端选择向下突破时，操作原则同样应该先进行卖出，待后市明确站

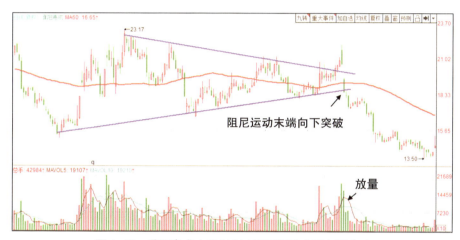

图1-42 濮阳惠成（300481）阻尼运动末端向下突破

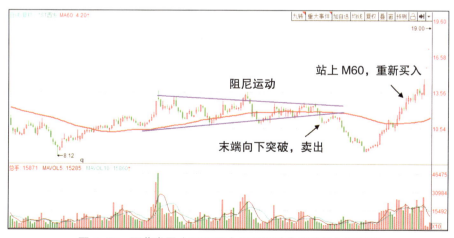

图1-43 西藏发展（000752）阻尼运动末端选择向下突破

上 M60 之后，再重新进行买入。如图 1-43 所示。

阻尼运动是股市运行三种趋势形态中最常见的一种，也是最复杂、多变的，是主力资金用来迷惑散户的主要形式。

标准的阻尼运动是低点不断抬高、高点不断降低的运行形态，在个股实际运行中演变出了形形色色的阻尼运动形态，各式各样的箱体都是由标准的阻尼运动演变而来。如图 1-44 所示高点、低点不断抬高的阻尼运动，如图 1-45 所示高点、低点不断降低的阻尼运动，需要我

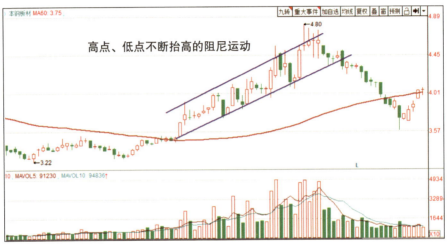

图 1-44 本钢板材（000761）高点、低点不断抬高的阻尼运动

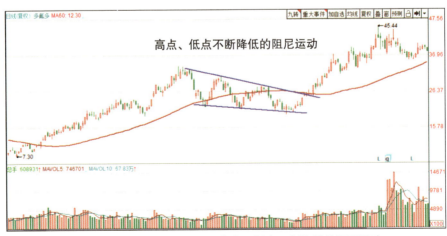

图 1-45 多氟多（002407）高点、低点不断降低的阻尼运动

们在实际操作中灵活运用。

　　阻尼运动的形态和技术，不仅适用于大盘指数，同样适用于个股，不仅适用于日线级别，同样适用于周线级别。如图 1-46 所示。

图 1-46　银之杰（300085）周线级别的阻尼运动

二、阻尼运动的意义和应用

　　（1）原有单边趋势能量的减弱，多空双方暂时达到平衡的状态。

　　（2）多空双方的能量得到释放，为下一个区间的趋势方向选择蓄积能量。

　　（3）主力资金用来建仓、洗盘、出货等行为的重要形式，形态复杂多变，极具迷惑性。

　　（4）对指导低吸高抛的波段操作具有一定的参考价值。

　　低吸高抛的波段操作，是在股票交易中常常用到的操作手法，趋势交易体系核心理论的第一句就是趋势为主导，波段来操作。进行波段操作的目的有两个：一是以低吸高抛的操作，来摊低持仓成本；二是防范突发的系统性风险。后者为主要目的。操作原则是：短线交易，吃一口就走，不贪不恋，耐心等待阻尼运动末端方向的选择。

　　另外，进行低吸高抛的波段操作，必须选好相应的趋势区间，下降通道中不可以进行此类操作。

苏州固锝（002079）周线级别在 M60 处形成支撑，每次回落至 M60 即出现缩量，在支撑位可以进行低吸操作，之后，股价反弹至趋势压力线附近出现放量，表明反弹开始遇到抛压，可以进行减仓操作。如图 1-47 所示。

图 1-47　苏州固锝（002079）低吸高抛的波段操作

第五节　标准的看盘方法

通过前面 4 节的内容，我们认识和掌握了判断趋势的核心指标、上升通道和下降通道的确认条件、阻尼运动等，趋势交易体系的看盘方法是首先把指数或个股的运行区间进行划分，股票的运行趋势只有三种：单边上升趋势、单边下降趋势、震荡趋势。

下面分别以日线级别和周线级别为看盘周期，进行举例说明。

一、日线级别的看盘方法

根据趋势区间的划分原则和方法，选取下图中的 4 个趋势区间进行说明。如图 1-48 所示。

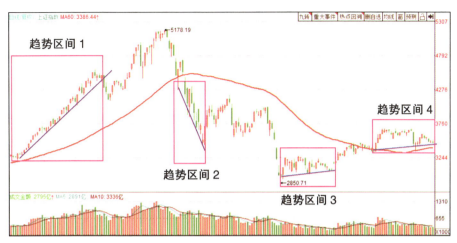

图1-48　日线级别的趋势区间划分

（1）趋势区间1位于M60之上，趋势支撑线斜向上，属于上升通道。

（2）趋势区间2位于M60之下，趋势支撑线斜向下，属于下降通道。

（3）趋势区间3位于M60之下，趋势支撑线平行，属于M60之下的震荡区间。

（4）趋势区间4位于M60之上，趋势支撑线平行，属于M60之上的震荡区间。

对盘面进行趋势划分，可以明确行情目前所处的趋势区间并根据区间制定相应的交易策略。

（1）在趋势区间1的上升通道中，安全系数高，应该加大仓位，坚定做多。

（2）在趋势区间2的下降通道中，安全系数极低，应该绝对空仓，离场观望。

（3）在趋势区间3的震荡区间，位于M60之下，安全系数低，应该空仓观望或者少量仓位进行快进快出的短线操作。

（4）在趋势区间4的震荡区间，位于M60之上，安全系数中等，可以适当控制仓位进行低吸高抛的波段操作或者快进快出的短线交易。

二、周线级别的看盘方法

根据趋势区间的划分原则和方法，选取下图中 3 个趋势区间进行说明。如图 1–49 所示。

图 1-49　周线级别的趋势区间划分

（1）趋势区间 1 位于周 M60 之下，趋势支撑线斜向下，属于下降通道。

（2）趋势区间 2 穿插周 M60，趋势支撑线平行，是标准的阻尼运动，属于震荡区间。

（3）趋势区间 3 位于 M60 之上，趋势支撑线斜向上，属于上升通道。

对盘面进行趋势区间的划分，可以明确行情目前所处的位置并根据区间制定相应的交易策略。

（1）在趋势区间 1 的下降通道中，安全系数极低，应该绝对空仓，离场观望。

（2）在趋势区间 2 的震荡区间，安全系数中等，可以控制仓位进行低吸高抛的波段操作。

（3）在趋势区间3的上升通道中，安全系数高，应该加大仓位，坚定做多。

本章小结

股票交易，应该以趋势为主导。首先要明确目前行情处于哪个趋势区间，在不同的趋势区间应当采取相对应的交易策略。

做好仓位管理、遵循波段操作为主，不做死多头或者死空头，尽量避免反复坐过山车。

图1-50　在舵手读书会上讲解M60实战技巧

图 1-51　在舵手读书会上讲解趋势支撑线实战技巧

图 1-52　资深会员在读书会上做关于"时机"的主题分享

第二章　趋势分析的辅助指标（上）

认 知趋势、尊重趋势、顺势而为是趋势交易体系的核心原则，因此，分析和确认趋势的技术指标非常重要，除了第一章讲到的生命线和趋势支撑线两个核心指标之外，还有一些是判断趋势的重要辅助指标，例如筹码分布、成交量、MACD、阻尼运动等。其中，核心指标具有方向性，可以确认趋势，辅助指标不具备方向性，无法确认趋势，但可以作为辅助参考。

第一节　重要均线

移动平均线 MA 是连续 N 个交易日收盘价的平均值，将每天的市场价格进行移动平均计算，求出一个趋势值。均线反映了对应交易日的平均持仓成本。M5、M10、M30、M60、M120 及 M250 是平时最常用的均线，各自反映相对区间的趋势变化。

一、均线代表着持仓成本

1. 均线具有双向性

K 线位于均线之上，均线对其有支撑作用；K 线位于均线之下，均线对其有反压作用。如图 2-1 所示。

2. K 线通常是围绕着均线运行的

均线代表着相应周期的持仓成本，因此，K 线通常是围绕着均线运行的。K 线位于均线之上，有向下回归均线的要求；K 线位于均线之下，有向上回归均线的要求。如图 2-2 所示。当然，K 线有时候会距离均线很远，形成背离，但是不可能无限制地背离下去。背离越大，K 线回归均线的内在要求就越大。

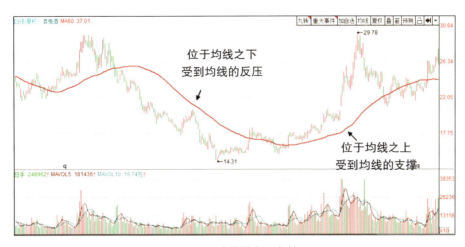

图 2-1 均线具有双向性

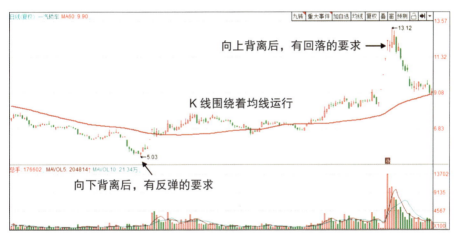

图 2-2 K线有回归均线的内在要求

二、均线的缠绕黏合状态和发散状态

当均线逐渐缠绕黏合时，容易发生趋势的转变；当均线逐渐发散时，行情往往按照原来的趋势继续运行。

1. 均线的缠绕黏合状态

当短、中、长期均线逐渐缠绕黏合时，容易发生变盘。

震荡趋势（阻尼运动）的运行是螺旋状的，具有把发散的均线逐渐缠绕在一起的能力。均线缠绕黏合，进行整理，蓄势待发。当短、中、长期均线逐渐靠近，相互缠绕黏合，后市容易发生趋势的转变。如图 2-3、2-4 所示。周线级别也适用，而且信号更加可靠。

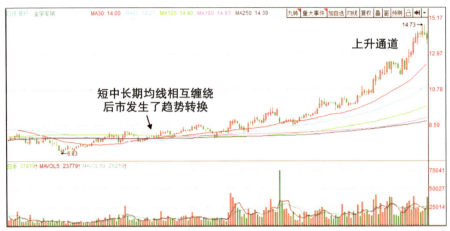

图 2-3　均线缠绕黏合后进入上升通道

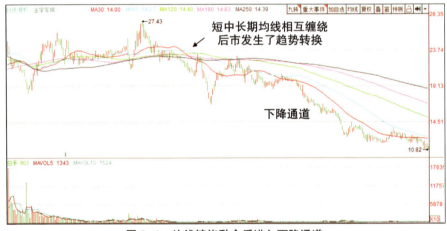

图 2-4　均线缠绕黏合后进入下降通道

2. 均线的发散状态

当短、中、长期均线逐渐发散时，行情将继续原来的趋势运行。

均线呈发散状态，各条均线之间的间距逐渐加大，当均线相互远离时，均线之间蓄积的能量大大增强。

如果原来的趋势位于下降通道，当均线发散时，每一次下降通道中的反弹都会遇到强大的压制，使反弹夭折。如图2-5所示。

如果原来的趋势位于上升通道，当均线发散时，每一次上升通道中的回调都会遇到强大的支撑，使上涨继续。如图2-6所示。

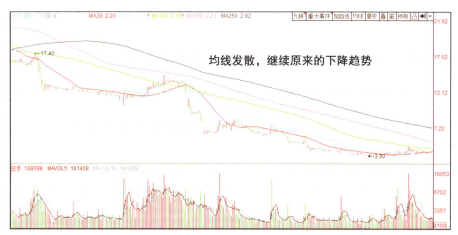

图2-5　均线发散，继续原来的下降趋势

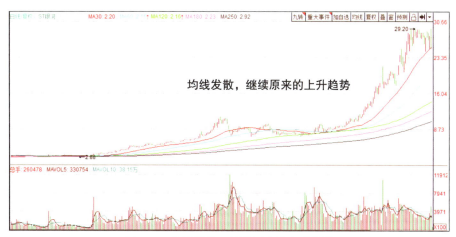

图2-6　均线发散，继续原来的上升趋势

三、常见均线的用法

K线图复杂多变，阴晴不定，主力资金为了达到吸筹、洗盘和出货等目的，故意打乱破坏K线和均线的图形形态。有时投资者看到突破了，跟风买入，谁知买入后行情马上变脸；有时投资者看到破位了，赶紧卖出，谁知卖出后股价迅速拉升。主力资金就像专门盯住你一样，不卖不涨，你一卖出就涨；不买不跌，你一买入就跌。关键原因在于大多数人被表面的突破、跌破所迷惑，有些动作是假动作，是无效的，真正具有参考价值的是有效突破、有效跌破。

均线的有效突破、有效跌破在前面章节已经详细阐述，有效即：一是收盘价成功站稳或跌破均线。二是有效突破均线要有成交量的配合，有效跌破均线有成交量的配合最好，没有量能也算破位。三是有效突破均线之后，回踩需受到均线的有效支撑；有效跌破均线之后，反弹会受到均线的压制。

1. 短期均线 M5、M10

当 M5 与 M10 相互靠近时，其短线支撑能力明显减弱，很容易被同时跌破。当一天内以中长阴线的形式同时跌破 M5、M10，是短线上升趋势结束的标志。短线行情多由市场中的短线资金来主导，M5/M10 反映短线资金的持仓成本，短线趋势破坏代表了市场上这些最活跃资金看待后市的态度。

日内同时跌破 M5/M10 经常出现在不同的位置和区间。

（1）出现在阻尼运动的末端。如图 2-7 所示。

（2）出现在头部区间，即高位放量处。如图 2-8 所示。

（3）出现在试图突破前高的位置。

（4）连续两次或两次以上出现日内同时跌破 M5/M10。如图 2-9 所示。

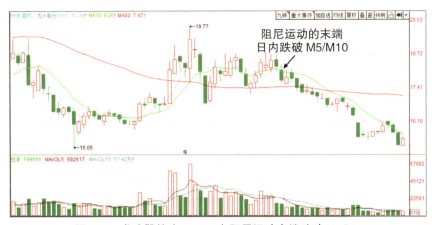

图 2-7　龙头股份（600630）阻尼运动末端跌破 M5/M10

图 2-8　江丰电子（300666）头部区间出现日内跌破 M5/M10

图 2-9　罗牛山（000735）连续出现日内同时跌破 M5/M10

2. 中短期均线 M30

M30 代表着近 30 个交易日的平均持仓成本，在实战操作中具有两个意义。

（1）M30 可以用来辅助判断后市是否还能够形成后顶。

大盘及个股在上升通道中出现回调，回调受到 M30 的有效支撑，提示后市一般还有可能形成后顶；如果回调在 M30 处未获支撑，提示中短期头部已经形成，后市一般不会形成后顶，后市可能进一步跌破 M60，进而终结上升趋势。如图 2-10 所示。需要说明一点，这是辅助判断后顶的指标，具有一定的参考价值（七成概率），但不是绝对。

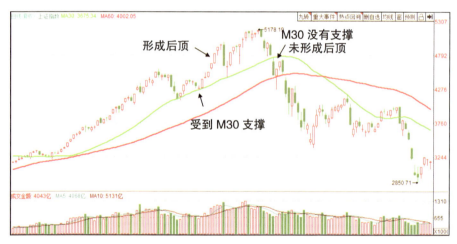

图 2-10　M30 辅助判断能否形成后顶

（2）M30 是下降通道中反弹的重要阻力位，日线级别和周线级别都是如此。

日线级别的下降通道中，M30 是反弹行情最常见的压力位，每次反弹至 M30 附近，都会受到压制而夭折。如图 2-11 所示。M30 压力位对于指导下降通道中进行超跌反弹的操作具有重要意义，是超跌反弹进行卖出的参考位置。

周线级别的下降通道中，M30 也是重要的压力位，如图 2-12 所示。周线级别 M30 没有被有效突破之前，下降通道就不可能终结。

图 2-11　日线 M30 是下降通道中重要的反弹压力位

图 2-12　周线 M30 是下降通道中重要的压力位

3. 生命线 M60

M60 代表着近 60 个交易日的平均持仓成本，可以看作是主力资金的建仓成本，是主力资金相当认真对待的一条均线，因此，在趋势交易体系中 M60 被称作"生命线"。

上升通道和下降通道的开启，都是以 M60 为确认标准的，如图 2-13、2-14 所示。有效突破 M60，表明主力资金发动上涨行情的意愿是真实可靠的；有效跌破 M60，表明主力资金开启下降通道的意愿是

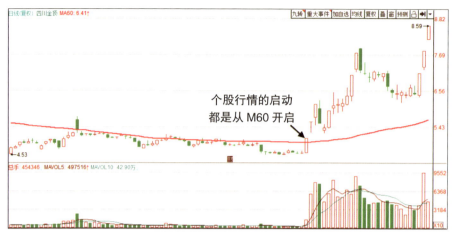

图 2-13　上升通道从 M60 开启

图 2-14　下降通道从 M60 开启

真实可靠的。

　　有效突破 M60，开启上升通道，需要成交量的配合。而有效跌破 M60，不一定需要成交量的配合，只要出现破位，无论放量还是缩量，都表示上升趋势被破坏。

　　M60 拐点也是一个重要的趋势确认指标。对于大盘指数和中长线个股来说，周线级别 M60 拐点可以反映中长期趋势的运行，如图 2-15 所示。虽然有一定的滞后性，但是确认趋势的参考价值极高。

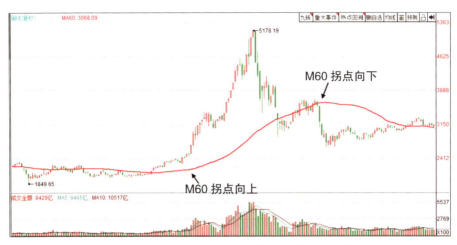

图 2-15 周线 M60 拐点是重要的趋势参考指标

4.M120 下是暴跌

下降通道的第一轮下跌，是从跌破趋势支撑线和 M60 开启的，属于多杀空阶段，是市场中获利盘的了结。

第一轮杀跌一般会在 M120 处停止，进行短暂的休整，之后开启第二轮杀跌。M120 之下的下降通道属于下跌中继，是市场中套牢盘的相互踩踏，是新一轮暴跌的开始。如图 2-16 所示。

在 M120 处买入或持仓极易被深套，这个位置好比是"地狱"的大门，如果不幸闯入，后果不堪设想！

图 2-16 M120 之下属于下跌中继

由 M120 开启的暴跌模式有两种：

（1）M120 小平台之下暴跌

这种形式最常见。在 M120 附近，可以在 M120 之上、也可以在 M120 之下或反复穿插 M120，搭建一个短周期的箱体平台，即振幅不大的阻尼运动。当箱体平台无法继续维持时，出现破位，开启暴跌。如图 2-17 所示。

（2）极端情况下，跌破 M120 直接开启暴跌模式。如图 2-18 所示。

M120 下是暴跌，不仅适用于大盘，同样也适用于个股，一定要记住，在跌破 M120 处坚决不买股、坚决不持股！

图 2-17　M120 小平台下是暴跌

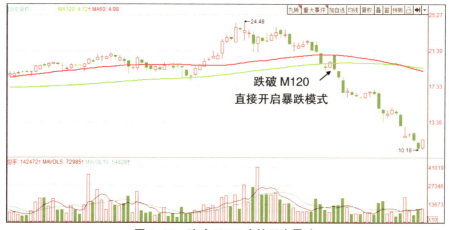

图 2-18　跌破 M120 直接开启暴跌

第二节　成交量

　　成交量是市场资金与筹码（股本）博弈之后的产物，能够反映主力资金的真实意图，弄不清楚成交量和筹码变化，就无法与主力资金共舞。成交量是形成趋势的原动力，成交量的明显变化，很容易引发趋势发生转变。反过来说，如果成交量没有发生明显变化，那么，之前的运行趋势一般不会发生转变。

　　股票市场的博弈，本质上是资金和筹码之间的博弈。简单来说：

　　市场筹码想买的人多了，而卖的人少了，股价就会上涨；

　　市场筹码想卖的人多了，而买的人少了，股价就会下跌；

　　想卖筹码的人多，想买筹码的人也多，成交量就会急剧放大，产生分歧；

　　筹码买卖意愿低，就会缩量震荡，行情不温不火，形成僵局甚至出现冰点。

　　所以，成交量是由资金和筹码之间的博弈所产生，能够反映交易

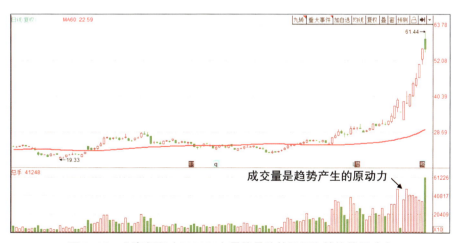

图 2-19　上海新阳（300236）量能是趋势运行和转换的原动力

过程中资金与筹码的供求关系，资金和筹码的博弈引发股价的波动，量能是趋势运行和转换的原动力。如图2-19所示。

成交量反映了主力资金的真实意图，弄不清楚成交量和筹码之间的内涵，就无法与主力资金共舞。

中长线投资和短线投机，从资金和筹码博弈的关系上来说，是有明显区别的：

短线投机，是市场资金和情绪的突然爆发，是各路资金共同参与的体现，是筹码的充分换手，最终分歧转为一致。在筹码相对锁定的前提下，持续换手运行。

中长线投资，是市场资金和情绪更为极端的爆发，是主力资金不允许其他资金共同参与的体现，是筹码的高度锁定。在底部筹码充分锁定的前提下，相对缩量运行，拉升过程中几乎没有太多的筹码松动和换手。

传统意义的价值投资和题材投机，更准确地讲，都是由资金驱动的。股价之所以上涨，与其说是由公司内在价值推动的，倒不如说是由资金与筹码之间的供求关系推动的。

成交量是特定时间内股票筹码交易的数量，主要指成交金额和股数，是量能最直接的表现。

1. 换手率

特定时间内股票转手的频率，是筹码流通性的体现。换手率高，说明个股流通性好，成交活跃；换手率低，说明个股流通性差，成交冷淡。底部位置换手率高，说明想要买入股票筹码的人多；头部位置换手率高，说明想要卖出股票筹码的人多。

2. 量比

当日成交量与前5日平均成交量之比，反映了当日市场的购买意愿，与成交量相比，是一个动态反映成交意愿的指标。

成交量是趋势产生和运行的内在动力，在趋势交易体系中具有非常重要的作用。关于成交量的研究和运用，首先要明白，在指数和个股运行的不同阶段对成交量的要求和应用是有区别的。比如，个股在启动阶段和拉升阶段，对成交量的要求是不一样的，因此，要从不同区间和位置来研究成交量的要求和应用。同样，个股不同的运作模型，对于量能的要求也不一样，比如，同样是启动之后的主升浪，短线模型和中长线模型对量能的要求就不一样。

下面以"中长线个股的交易模型"为例，分别从建仓阶段、洗盘阶段、启动阶段、出货阶段和破位五个阶段对量能的要求进行讲解。短线个股模型的量能特点和要求，在《股市趋势交易大师2：龙头作手》一书中进行讲解。

一、建仓阶段的量能特点和要求

1. 长期缩量运行的底部区间，突然出现连续的放量

丰乐种业（000713）长期下跌，持续缩量运行，交易达到冰点，表明个股交易意愿极其冷淡，投资情绪极度悲观。然而否极泰来，底部突然出现连续放量，表明市场有大量新增资金开始进场。如图2-20所示。

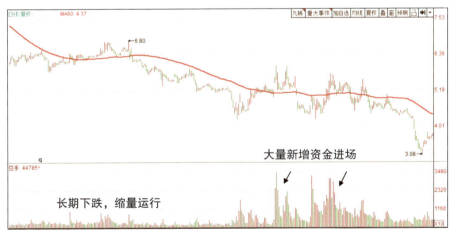

图 2-20　丰乐种业（000713）长期下跌，新资金进场

2. 上涨放量、下跌缩量

日线级别或周线级别出现上涨放量、下跌缩量的阻尼运动，是个股常见的建仓行为。如图2-21所示。

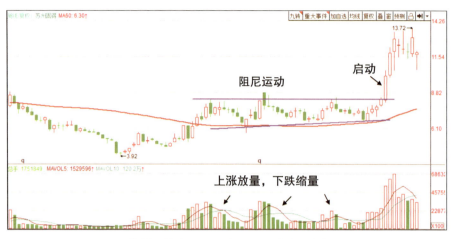

图 2-21　苏州固锝（002079）阻尼运动（周线）进行建仓

二、洗盘阶段的量能特点和要求

新增资金进场，主力资金收集到足够的筹码之后，就要进行洗盘动作，洗盘多是以"散兵坑"的形式进行，这个阶段最大的特点就是成交量重新出现持续地量，如图 2-22 所示。表明市场中的大部分筹码已经被主力资金掌控并牢牢锁定，市场中没有过多的浮筹存在。

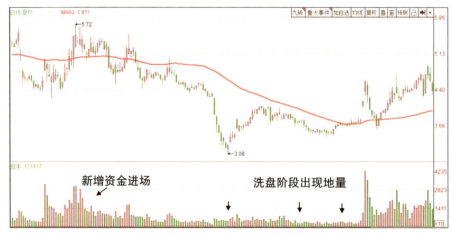

图 2-22　丰乐种业（000713）洗盘阶段出现地量

"散兵坑"

"散兵坑"是主力资金完成建仓之后进行洗盘动作的技术形态，图形上表现为一组连续缩（地）量、振幅不大、下跌幅度有限的K线组合，趋势支撑线逐渐走平。

"散兵坑"的下跌幅度有限，一般不会超过20%，最明显的特点是成交量极度萎缩和低换手率，多表现为连续小阴、小阳线组合，十字星多见。"散兵坑"主要出现在M60附近，可以位于M60之下，如图2-23所示，也可以位于M60之上，如图2-24所示。

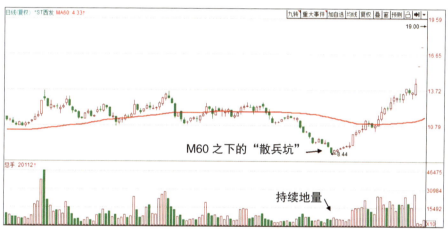

图2-23　西藏发展（000752）M60之下的"散兵坑"

图2-24　晓程科技（300139）M60之上的"散兵坑"

需要注意的是，"散兵坑"的出现可以提示我们，个股已经建仓完毕开始进行洗盘，但后市并非一定会启动，因此，"散兵坑"是不具备趋势方向的，只有个股开启上升通道或者重回 M60 之后，"散兵坑"才算有效。在"散兵坑"区间进行的买入操作，属于左侧交易，不具备确定性。如果"散兵坑"之后出现有效突破 M60，这是号召大家跑步进场的集结号！

三、启动阶段的量能特点和要求

有效启动的量能只有持续温和放量与持续堆量这两种。持续堆量常出现在短线模型启动时，持续温和放量常出现在中长线模型启动时。

短线模型启动时，成交量的特点是：短期爆发力强，启动后持续堆量拉升，如图 2-25、2-26 所示，启动前未经过充分的筹码交换，筹码的换手在拉升过程中完成。持续堆量的量能一般是启动之前量能的 5~10 倍以上。如果不是持续堆量，堆量不连续，则量能不健康。

有些个股的启动，成交量也是 5~10 倍巨量，但是这种放量没有持续性，不属于持续堆量，如图 2-27 所示。因此，这种量能是不健康的，往往无法实现有效启动。

图 2-25 持续堆量，量能健康

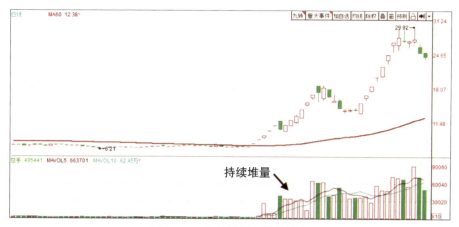

图 2-26 持续堆量，量能健康

图 2-27 放量不持续

中长线模型启动时，其成交量的特点是：在有效启动之前，筹码经过充分的整理和锁筹，启动时多为持续温和放量，而在启动之后的上涨过程，相对缩量创新高。

启动阶段量能的持续性决定了启动的有效性。丰乐种业（000713）在启动阶段出现了持续温和放量，最终实现了上升通道的成功开启。如图 2-28 所示。

钱江水利（600283）、今飞凯达（002863）在 M60 处进行突破，成交量表现为孤立的、无法持续的量能，这种量能一般无法实现有效启动。如图 2-29、2-30 所示。

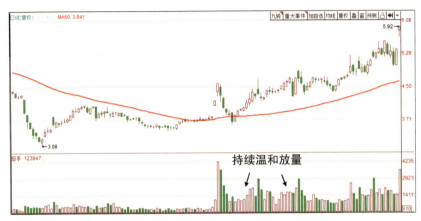

图 2-28　丰乐种业（000713）启动区间持续温和放量

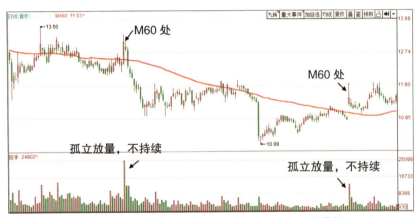

图 2-29　钱江水利（600283）进行突破的无效量能

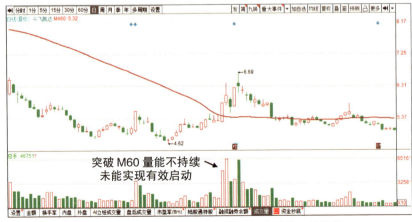

图 2-30　今飞凯达（002863）进行突破的无效量能

四、发生分歧、高位放量

上升通道开启之后的拉升过程中，成交量保持温和换手或者相对缩量，均表明量能变动不大，一般来说，行情将会按照原来的趋势继续运行。

如果在启动后的拉升过程出现明显放量，表明市场资金发生强烈分歧，将会引起原本趋势发生转变。

丰乐种业（000713）在拉升过程中持续放量，创出股价新高之后，成交量继续放大，股价却无法持续创出新高，出现高位放量滞涨，是行情见顶的信号。如图 2-31 所示。见到天量之后，量能无法持续放大，表明市场无新增资金进场，无法继续维持高股价。

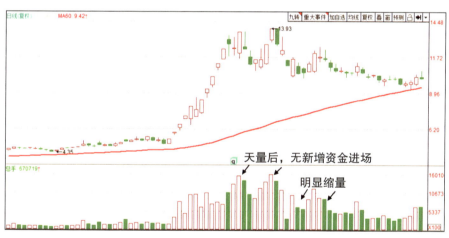

图 2-31　丰乐种业（000713）头部出现天量及天量后缩量

五、破位时的量能特点

在趋势交易体系中，跌破趋势支撑线及 M60 是上升通道终结的标志，即出现趋势破位。那么，当跌破趋势支撑线及 M60 时，成交量又是怎么的呢？

1. 放量破位

一部分个股在跌破趋势支撑线及 M60 时是放量的，放量说明在破位时有大量的筹码卖出，市场发生分歧，才会出现破位时放量。口子窖（603589）在跌破趋势支撑线及 M60 时，出现连续放量下跌。破位时放量，是可靠而又明确的见顶信号。如图 2-32 所示。

图 2-32　口子窖（603589）连续放量破位

2. 缩量破位

有相当一部分个股在跌破趋势支撑线及 M60 时是缩量的，缩量说明在破位时市场一致看空，导致市场上只有抛售筹码者，没有接收筹码者，抛售的筹码无法成交，因而成交量无法放大。

主力资金卖出筹码大部分是在头部区间进行的，后市出现破位时，投资者一致看空，缩量破位也是可靠的见顶信号。荣华实业（600311）在跌破趋势支撑线及 M60 时，均为缩量。如图 2-33 所示。

因此，只要跌破趋势支撑线及 M60，就是真实有效的破位，不管是放量还是缩量。通过对趋势交易体系的量能学习，我们应该走出"放量才会大跌、缩量下跌是回调"的误区。缩量，不仅能够开启下降通道，而且看空更加一致，下跌更加恐慌。

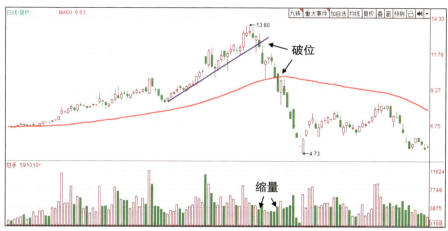

图 2-33 荣华实业（600311）缩量破位

<h1 style="text-align:center">第三节　MACD 指标</h1>

　　MACD 是常见的技术指标，因其不具有方向性，同时该指标有一定的滞后性，因此，在趋势交易体系中是用来判断趋势的辅助指标，具有一定的参考价值。在实战中，应该与趋势核心指标以及其他辅助指标综合应用。

　　MACD 称作指数平滑异同移动平均线，主要由零轴、DIF、DEA 和 MACD 柱体组成。

　　EMA：即指数平滑移动平均线。

　　DIF（差离值）：即 12 日 EMA 数值减去 26 日 EMA 数值。

　　DEA（差离值平均数）：DIFF 的 N 日指数平滑移动平均线，N 常选 9。

　　MACD 柱体：（DIF-DEA）×2。

　　基本概念不再赘述，下面开始介绍 MACD 指标的实际应用。

一、零轴的意义

　　MACD 中各指标的运行，都是围绕着零轴进行的。指标远离零轴时，便有了回归零轴的内在要求。

MACD 中的零轴，等同于均线系统中的 M60。当 DIF 位于零轴以上时，等同于进入上升通道；当 DIF 位于零轴以下时，等同于进入下降通道。

当 DIF 位于零轴以下时，出现的买入机会，属于波段性买点，如图 2-34 所示。DIF 位于零轴以上时，出现的买入机会，属于趋势性买点，如图 2-35 所示。

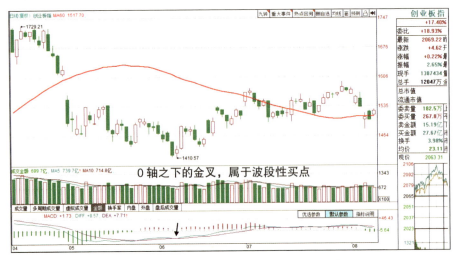

图 2-34　零轴之下的金叉，属于波段性买点

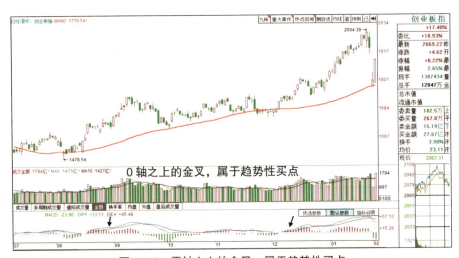

图 2-35　零轴之上的金叉，属于趋势性买点

二、MACD 背离

当大盘指数或个股的运行趋势与 MACD 的运行趋势不一致时，就会出现 MACD 背离，MACD 背离可分为顶背离和底背离。

1. 顶背离

指数和股价不断创出新高，而 MACD 指标不能同步创出新高。如图 2-36 所示。

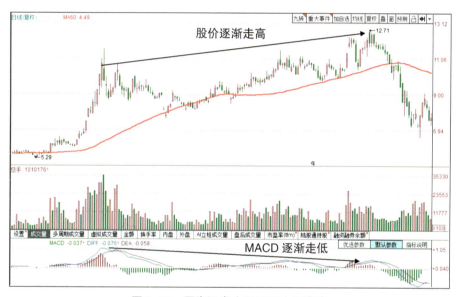

图 2-36　国海证券（000750）顶背离

2. 底背离

指数和股价不断创出新低，而 MACD 指标不再同步创出新低，如图 2-37 所示，或者指数和股价不再创出新低，而 MACD 指标创出新高，如图 2-38 所示。

MACD 指标来自双边市场，不具备方向性，且具有一定的滞后性，无法作为确认趋势的核心指标。出现顶背离，说明上涨的动能在减弱，但无法确认行情即将出现下跌。出现底背离，说明下跌的动能在减弱，但无法确认行情即将出现上涨，如图 2-39 所示。

图2-37　上证指数出现底背离

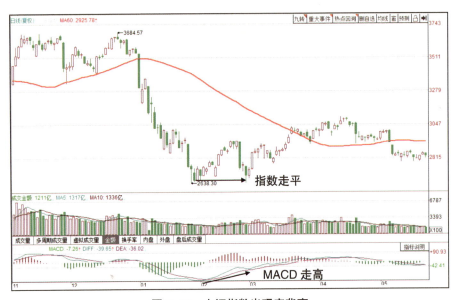

图2-38　上证指数出现底背离

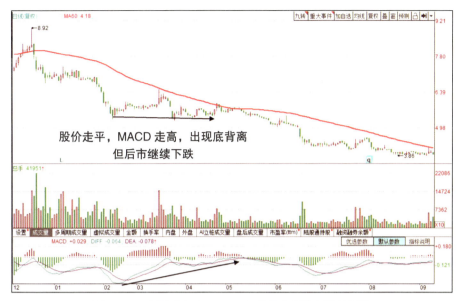

图 2-39 中国武夷（000797）出现底背离后继续下跌

三、MACD 辅助判断买点与卖点

　　MACD 出现底背离，无法确认买点，在实际应用中仍有可能继续背离下去，即 MACD 出现底背离，但指数或股价继续下跌，使 MACD 指标持续发生背离。底背离的出现，只能表明做空力量正在发生衰竭，而无法确认趋势即将发生根本性转变，因此，只能作为辅助指标，明确可靠的买点需要结合趋势指标来进行确认。

1. 在零轴之下的底背离与双金叉

　　在零轴之下发生底背离，出现双金叉，尤其是第二个金叉的位置高于第一个金叉，对第一个金叉实现突破，提示波段性买点出现。如图 2-40 所示。

2. 在零轴之上出现金叉，提示趋势性买点出现

　　我们可以把零轴简单理解为均线中的 M60，当 DIF 位于零轴之上，相当于 MACD 指标进入上升通道。当 DIF 与 DEA 在零轴之上出现金叉时，是相对可靠的趋势性买点。如图 2-41 所示。

图 2-40 零轴之下,双金叉出现波段性买点

图 2-41 零轴之上的金叉,提示趋势性买点

3.顶背离之后的动能衰减

顶背离出现之后,提示上涨动能在衰减,当 DIF 与 DEA 出现死叉,提示见顶的可能性。如图 2-42 所示。

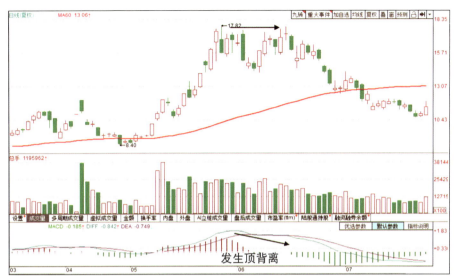

图 2-42　罗牛山（000735）出现顶背离

在实战交易中，买入要慢一拍，等待二次金叉出现；卖出要快一拍，参考首次死叉出现。

前面所涉及 MACD 技术指标的应用，同样适用于周线级别。

四、MACD 的应用技巧

1.MACD 辅助判断下跌和上涨的动能

（1）MACD 辅助判断下跌动能。

如图 2-43 所示，多氟多（002407）区域 1 中的快速大幅下跌，对应的 MACD 绿柱较长、区间较宽，表明此轮杀跌的能量很强，属于动能较大的下跌。

区域 2 中的快速大幅下跌，对应的 MACD 与区域 1 相比，绿柱较短、区间较窄，表明此轮快速下跌，跌幅虽大，但是杀跌的能量明显减弱，属于动能较小的下跌。

区域 3 中又一次出现快速下跌，这次 MACD 反而是红柱，完全没有杀跌的能量，是下跌动能出现衰竭的表现。

（2）MACD 辅助判断上涨动能。

上证指数在区域 1 中的上涨过程，对应的 MACD 红柱较长、区间

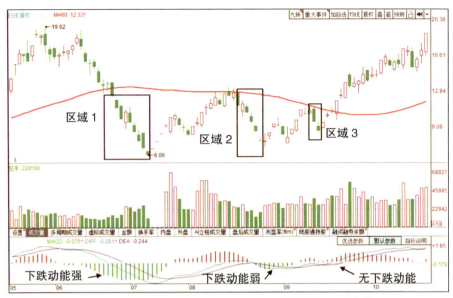

多图 2-43 多氟多（002407）MACD 辅助判断下跌动能

较宽，表明此轮上涨的能量较强，属于动能较大的上涨。区域 2 中的上涨过程，对应的 MACD 与区域 1 相比，红柱较短、区间较窄，表明此轮上涨的能量明显减弱，属于动能较小的上涨。如图 2-44 所示。

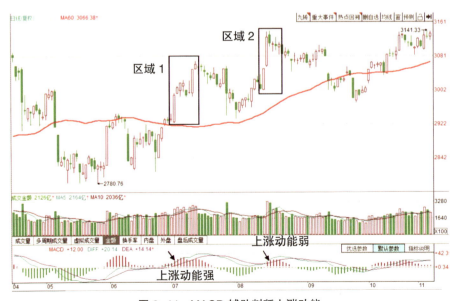

图 2-44 MACD 辅助判断上涨动能

罗牛山（000735）在区域 1 中的上涨过程，对应的 MACD 红柱较长、区间较宽，表明此轮上涨的能量较强，属于动能较大的上涨。区域 2 中的上涨过程，对应的 MACD 与区域 1 相比，没有红柱出现，表明此轮虽然股价上涨，但是上涨的能量极弱，属于诱多性上涨。如图 2-45 所示。

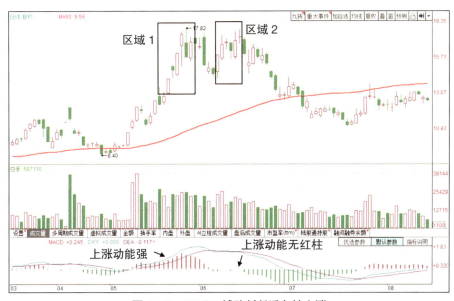

图 2-45　MACD 辅助判断诱多性上涨

九鼎新材（002201）在区域 1 中的上涨过程，对应的 MACD 红柱较长、区间较宽，表明此轮上涨的能量较强，属于动能较大的上涨。区域 2 中的上涨过程，对应的 MACD 与区域 1 相比，MACD 红柱更长、区间较宽，表明此轮行情上涨的能量更强，属于量价配合的真实上涨。如图 2-46 所示。

2.MACD 辅助判断回调性质

个股运行在上升通道中出现连续下跌，那么下跌究竟是回调还是行情终结，也可以参考 MACD 进行辅助判断。

如果 DIF 仍然位于零轴之上，甚至 MACD 柱体仍为红柱，说明下跌不具有明显的能量，属于回调，当 DIF 与 DEA 在零轴之上重新出现

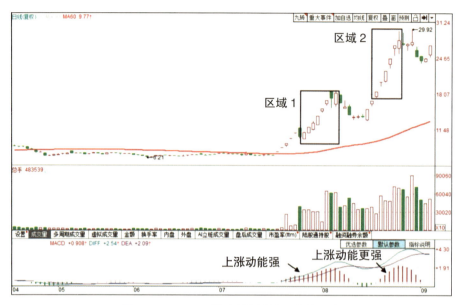

图 2-46　MACD 辅助判断量价配合的上涨

金叉时，是再次买入的机会。如果 DIF 跌至零轴之下，MACD 柱体变为绿柱甚至绿柱逐渐变长，说明杀跌具有明显的能量，属于破位。如图 2-47 所示。

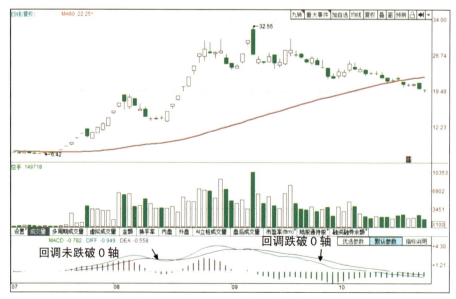

图 2-47　MACD 辅助判断回调性质

本章小结

确认趋势的指标中，只有趋势支撑线及生命线 M60 具有方向性，属于核心指标。其他指标如筹码分布、成交量、MACD 等不具有方向性，属于辅助指标。

量在股价先，趋势最真实。应该摒弃"放量下跌是破位、缩量下跌是回调"等陈旧观念，只要趋势破坏，放量缩量均不好。

图 2-48　在舵手读书会中详细讲解建仓的量能特征

图 2-49　在读书会中详细讲解散兵坑的实战技巧

第三章　趋势分析的辅助指标（下）

第一节　筹码分布基本概念

一、筹码分布与筹码峰

个股在交易过程中，每一个成交价格都对应着不同的成交量，在筹码分布上，某一价格的持仓量用一条横线来表示，该价格的持仓量越多，所对应的横线就越长；某价格的持仓量越少，该价格所对应的横线就越短。个股不同的成交价格与每个价格所对应的持仓量，最终构成了筹码分布。

筹码分布理论上是不同成交价格股东实际持股数量的直接体现。如图 3-1 所示，筹码分布是一个动态指标，只要个股每个交易日有成交（即筹码交换），筹码分布每个交易日都会动态变化。筹码分布是一个定性指标，无法进行精确定量，我们只能根据筹码分布来辅助了解个股股东的持仓成本和持股数量的变化情况，而无法进行精确计算。

当持股筹码在某一价格区间内比较集中时，在筹码分布图上会形

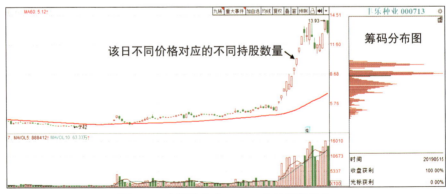

图 3-1　丰乐种业（000713）的筹码分布

图 3-2　筹码的峰状分布

成一个类似山峰的形状，称为筹码峰。如图 3-2 所示。

二、筹码的密集状态与发散状态

1. 筹码的密集状态

个股筹码经过一段时间的整理，充分完成了筹码交换及锁定，在一个狭窄的价格区间内几乎聚集了该股的大部分筹码，形成筹码峰。在筹码峰的上、下空间内几乎没有浮动的、散的筹码存在，这种筹码分布状态称为筹码的密集状态。如图 3-3 所示。

筹码分布的密集状态，是筹码明显经过人为整理之后的结果。筹码密集如同大战前夕，多空双方大部分兵力都集结在一个狭窄的空间内，新一轮的多空决战一触即发。

图 3-3　丰乐种业（000713）筹码的密集状态

2. 筹码的发散状态

筹码杂乱地分布在各个价格区间，没有明显的筹码集中趋势，称为筹码的发散状态。如图 3-4 所示。筹码的发散状态是由于股价在上涨或下跌的过程中，价格波动速度过快，筹码没有经过充分的交换，快速分布在不同的价位，是没有经过充分整理的筹码分布状态。

图 3-4　苏宁环球（000718）筹码的发散状态

三、低位筹码峰与高位筹码峰

1. 低位筹码峰

通过建仓、洗盘等一系列操作，个股的大部分筹码都掌握在主力资金手中，并且在底部区间逐渐集中，形成持仓筹码的密集状态。技术形态上表现为筹码在底部区间高度集中，形成低位筹码峰。如图 3-5

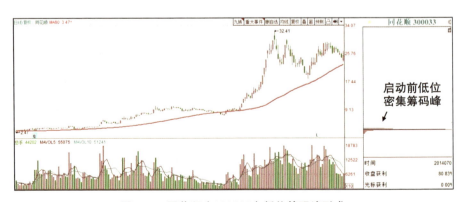

图 3-5　同花顺（300033）低位筹码峰形成

所示。

低位筹码峰的形成，表明个股的大部分筹码已经集中到主力资金手中并且被有效锁定，建仓、洗盘动作基本完成。底部筹码的高度集中反映出个股蓄势待涨的强大动力和强烈意愿，提示个股即将脱离成本区，开启上升通道。

2. 高位筹码峰

主力资金通过拉升、高位派发等一系列操作，将手中低位买入的大部分筹码在高位派发给散户，使低位筹码在高位进行充分换手，形成高位筹码集中区。如图 3-6 所示。技术形态上表现为低位筹码峰消失，筹码发生上移，在高位区间重新形成筹码集中状态，即高位筹码峰。

图 3-6 筹码派发完毕，形成高位密集筹码峰

高位筹码峰的形成，提示主力已经将手中的低价筹码派发完毕，该股的持仓成本逐渐上升，获利盘在高位集中。达到一定涨幅之后，市场上积聚了获利了结的意愿和下跌的动能，提示个股已经进入头部区间。如果此时出现大阴线击穿高位筹码峰，这往往是启动下跌的信号，明确而强烈！

第二节　筹码分布的技术应用

一、底部筹码高度集中，是上升通道开启前的重要信号

1. 上升通道开启之前的筹码特征

中长线个股上升通道开启之前，筹码一般会在底部区间高度集中，达到筹码密集状态，筹码峰上方的浮筹完全消失。如图 3-7 所示。

图 3-7　多氟多（002407）启动时底部筹码峰高度集中

短线模型个股启动之前，筹码没有经过充分的整理，筹码分布不需底部集中，要注意区分，详见《股市趋势交易大师 2：龙头作手》一书的相关章节。

筹码峰在底部区间高度集中，是主力建仓、洗盘、锁筹等一系列行为完成的标志。这个现象有以下几个特点：

（1）筹码峰在底部区间高度集中，多位于 M60 附近。

（2）筹码峰在底部区间高度集中，位于 M60 附近，一般会在短期内开启上升通道。

（3）筹码峰在底部区间高度集中，能否开启上升通道，取决于是

否有效突破 M60。

　　成功开启上升通道之后，随着股价的拉升，原来底部密集的筹码，已经变得发散。伴随着主力资金在拉升过程中的换手和派发，底部的筹码已经完全消失，逐渐上移至高位并在高位区间集中。如图 3-8 所示。

　　如果个股再次开启上升通道，需要利用阻尼运动进行筹码整理，使得发散的筹码重新回归密集状态，这个过程就是"空中加油"。"空中加油"是上涨中继，筹码经过重新整理和集中之后，第二轮上升通道即将开启。如图 3-9 所示。

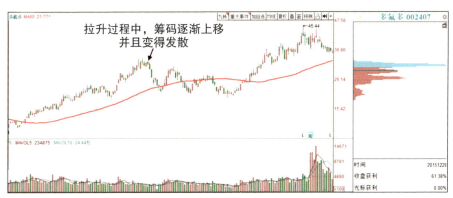

图 3-8　多氟多（002407）拉升中筹码发散，在高位集中

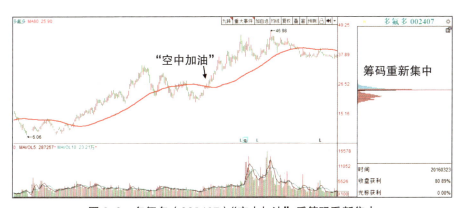

图 3-9　多氟多（002407）"空中加油"后筹码重新集中

2. 筹码峰二次底部集中

筹码峰二次底部集中常见于个股的建仓行为，特尔佳（002213）出现了一波阻尼运动，同时伴随上涨放量、下跌缩量，这是典型的建仓洗盘行为。然而，阻尼运动的末端并没有开启上升通道，而是选择了破位。如图3-10所示。

之后的一波拉升，收复了前期箱体，经过整理之后，筹码完成了第二次集中。如图3-11所示。筹码的二次集中，是市场中的资金再次进场收集筹码、重新进行筹码整理，可以看作是一种"换庄"的行为。当然，筹码的二次集中之后能否成功开启上升通道，完全取决于后市的趋势指标。

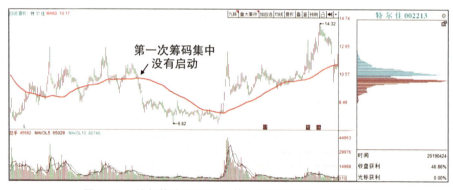

图3-10 特尔佳（002213）第一次筹码集中，没有启动

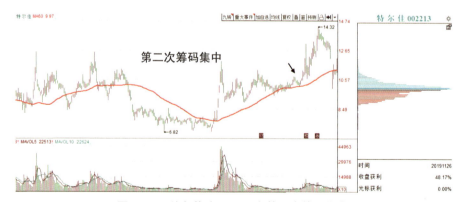

图3-11 特尔佳（002213）第二次筹码集中

二、建仓后洗盘的筹码分布特点

筹码在底部区间高度集中，浮筹基本消失，表明主力建仓动作基本完成。如图3-12所示。

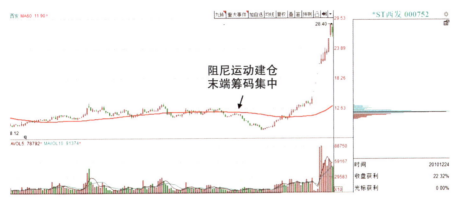

图3-12　西藏发展（000752）底部筹码集中，浮筹消失

股价随后突然快速跌破底部密集筹码峰，我们发现，在进行洗盘动作的下跌过程中，筹码分布出现了以下几个特点：

1. 下跌过程中，筹码峰的密集状态及大致形态未发生明显变化

虽然经过连续快速的下跌，但是筹码峰的密集状态及大致形态没有发生明显的改变。如图3-13所示。下跌过程中，筹码峰仍然呈现密集状态，高度集中在原来的价格区间。筹码峰的外形也没有发生明显

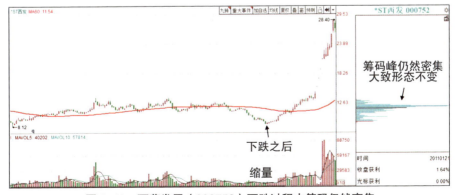

图3-13　西藏发展（000752）下跌过程中筹码仍然密集

79

的改变，说明在下跌过程中，筹码没有出现明显松动，提示主力资金已经高度控盘。

2. 下跌过程中，成交量保持缩量

虽然经过连续快速的下跌，筹码却被牢牢锁定。在没有一字板跌停的情况下，套牢筹码想要止损出局，还是有机会的。如果有筹码出逃，下跌的过程应该出现放量，明明给了出逃的机会，持仓者却不急着出局，说明筹码并不是掌握在散户的手上。

3. 下跌幅度未超过密集筹码峰的下缘

虽然经过连续、快速的下跌，但是股价始终没有跌破密集筹码峰的下缘，表明低位筹码峰具有强大的支撑能量，如图 3-14 所示，这是主力资金的建仓成本区，不会轻易跌破；少数个股的洗盘行为也会一

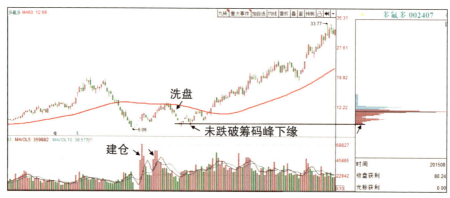

图 3-14　多氟多（002407）洗盘幅度受到筹码峰下缘支撑

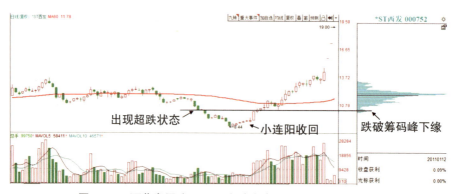

图 3-15　西藏发展（000752）洗盘出现超跌，短期内收回

过性跌破密集筹码峰的下缘，出现超跌状态，主力资金一般会在短期内收回。如图 3-15 所示。

4. 洗盘后股价回升，筹码峰形态未出现明显变化

洗盘之后，股价出现回升，解放了被套牢的密集筹码峰，但是，筹码峰的形态仍然没有出现明显的变化，说明套牢的筹码被解放之后，仍然没有选择卖出离场，这是主力高度控盘的特征。如图 3-16 所示。

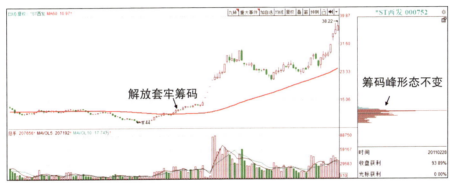

图 3-16　西藏发展（000752）洗盘后上涨，筹码仍锁定

从筹码密集状态到密集筹码被套，再到密集筹码解套，整个过程是主力资金建仓之后进行凶狠的洗盘行为。通过筹码分析，可以形象地反映出筹码在洗盘过程中牢牢锁定以及主力高度控盘的状态。筹码密集、高度锁定，是成功开启上升通道的前提条件。

三、拉升过程中的筹码分布

1. 有效启动之后，拉升过程中的调整，最好不要超过 6 个交易日

口子窖（603589）启动时筹码在底部区间呈单峰密集状态。如图 3-17 所示。

启动之后股价逐渐拉升，在拉升过程中常常出现震荡整理，当整理周期超过 6 个交易日或以上时，短期往往会出现回调。直至筹码峰再次形成单峰状态，重新对后市的方向进行选择。

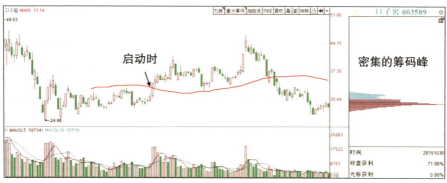

图 3-17 口子窖（603589）启动时筹码呈单峰密集状态

行情启动之后，在上涨过程中出现单峰变为多峰的现象，说明筹码锁定不牢，拉升过程中出现筹码松动。如图 3-18 所示。

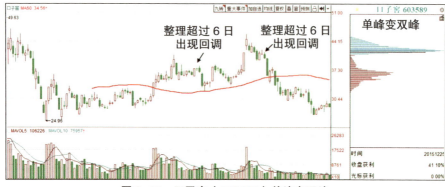

图 3-18 口子窖（603589）单峰变双峰

2. 高度控盘的拉升过程，筹码呈均匀分布

筹码高控的个股，在拉升过程中，由于上涨速度过快，使得每个价格的筹码都无法进行充分换手，导致筹码分布上每个价格对应的筹码都是均匀分布，不会形成明显的、单独的筹码峰。如图 3-19 所示。

3. "空中加油"，股价不跌，筹码重新集中

在上升通道的中继，主力资金搭建平台对筹码重新进行整理，即"空中加油"。在"空中加油"的过程中，股价多为横盘震荡，筹码则快速重新集中。

图 3-19　贵州茅台（600519）拉升中筹码均匀分布

四、运用筹码分布抓反弹

运用筹码分布的规律，可以辅助捕捉超跌状态或者被错杀的个股，来获取超跌反弹或股价回归的收益，抓反弹适合在两种情况下进行。

（1）主力资金在头部区间未完成出货而被错杀。

（2）主力资金在底部区间已经完成筹码的收集和锁定，之后进行洗盘或者被错杀。

第一种情况多见于大盘突然暴跌，有些个股的主力资金在头部区间来不及完成出货（低位筹码的派发）而被深套。

多氟多（002407）在高位尚未完成底部筹码的派发，筹码分布显示在底部区间和高位区间都有明显的筹码峰。而此时大盘见顶，开始快速下跌，多氟多（002407）受到大盘的拖累一同下跌，可以发现，在多氟多（002407）的整个下跌过程中，成交量是很少的，表明主力资金没有机会在下跌过程中半路逃离，如图 3-20 所示，这就是主力资金未完成出货而被错杀的筹码分布。

随着大盘见顶下跌，个股一路被错杀，抢反弹的位置主要参考两个方面。

（1）被错杀个股首先要处于超跌状态。

超跌状态是股价跌破未完成出货的筹码峰下缘，这是个股所有持仓者成本价的最低点，是容易引发超跌反弹的位置，也是相当安全的位置。如图 3-21 所示。

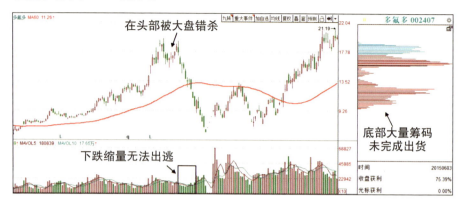

图 3-20　多氟多（002407）主力被错杀的筹码分布

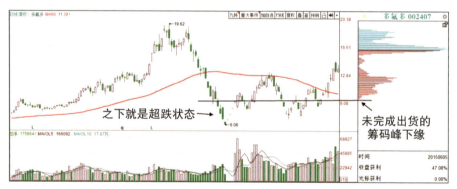

图 3-21　多氟多（002407）处于超跌状态

　　（2）被错杀个股处于超跌状态之后，就要随时关注可能出现的买点，买点的出现与成交量的变化有很大关联。个股处于超跌状态，持续下跌会引发持仓交易者的恐慌情绪，容易在分时杀出恐慌盘，成交量上就会表现为持续下跌之后量能明显放大，这是超跌状态下杀出恐慌盘的标志。如图 3-22 所示。

　　杀出恐慌盘之后，恐慌盘是否有效，要看之后的成交量能否急剧减少，至少要缩量至恐慌盘量能的 1/3~1/2，才能表明恐慌盘的杀出是有效的。如图 3-23 所示。说明在持续下跌过程中，筹码交换的意愿已经达到冰点，再跌也没有人愿意割肉出局了，此时最容易出现错杀后的超跌反弹。杀出恐慌盘之后的明显缩量，就是布局超跌反弹的最佳

图3-22　多氟多（002407）超跌状态下杀出恐慌盘

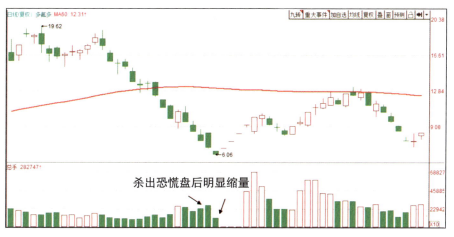

图3-23　多氟多（002407）杀出恐慌盘后明显缩量

时机，更加安全可靠的买点是次日阳线反包缩量K线时。

　　超跌反弹的高度，要满足两个要求：一要快速回归主力资金的成本区，保证主力持仓成本的安全；二要在反弹过程中不至于引发套牢盘的抛压。对于反弹高度的定位，需要根据筹码分布来确认。

　　杀出恐慌盘之后，多氟多（002407）的筹码分布发生了明显的变化，分成了上部和下部两部分筹码峰，两部分筹码峰之间的空谷为谷底。谷底的位置既有利于主力回到成本区，又不至于引发高位套牢盘的大量抛压，因此，谷底附近是我们预判超跌反弹高度的位置。如图

3-24 所示。另外，在反弹过程中，成交量出现明显放大，表明市场上遇到的抛压明显加重，这也是判断反弹高度的一项指标。

个股被错杀之后，由超跌位置回归到主力成本区的空间，就是我们应该抓住的抢反弹机会。

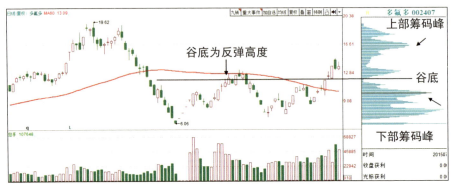

图 3-24　多氟多（002407）超跌反弹至筹码峰谷底

第三节　筹码分布结合生命线、趋势线的综合应用

筹码分布可以直观地反映出个股的持仓成本、持仓数量、主力的控筹状态等，筹码分布属于判断趋势的辅助指标，不具备方向性，无法单独确认趋势的方向。比如，筹码峰在低位高度集中，不一定开启上升通道，有可能继续向下破位；筹码峰在高位高度集中，也可能属于上升通道的中继，后市将继续创新高。应该把筹码分布与生命线、趋势线等具有方向性的核心指标综合运用。

一、筹码峰与趋势指标综合运用判断启动

青岛中程(300208)经过长时间的筹码整理，筹码峰达到了高度集中的状态，行情即将要对后市的趋势方向做出选择。如果单纯依靠筹

码的密集状态，无法判断出后市究竟会进入上升通道还是下降通道。如图 3-25 所示。

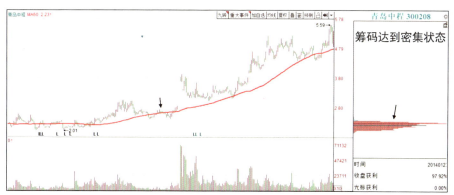

图 3-25　青岛中程（300208）筹码密集状态，无法确认趋势

与核心指标综合运用发现，筹码高度集中之后，出现了有效突破 M60 以及趋势支撑线斜向上。结合趋势指标可以确认，筹码经过整理在底部高度集中，个股进入上升通道，新一轮上涨行情开始启动。如图 3-26 所示。

图 3-26　筹码密集结合趋势指标确认上升通道

有效突破 M60 的技术指标，其本质是个股的大部分筹码，经过主力资金的吸筹、洗盘、整理，逐渐转移到 M60 附近，并在 M60 附近形成筹码的低位密集状态。因此，M60 附近通常是个股开启上升通道的重要位置。

二、筹码峰与趋势指标综合运用判断头部

底部密集筹码峰消失，筹码大部分转移至高位，并且在高位集中，当阴线击穿高位筹码密集区，大部分在高位接盘的筹码被套牢，聚积了大量获利了结的需求和做空的动能。后市想要突破该区域，也将会遇到大量的套牢盘，抛压巨大，后市往往看跌。

濮阳惠成（300481）上升通道开始时，底部筹码呈现密集状态。如图 3-27 所示。

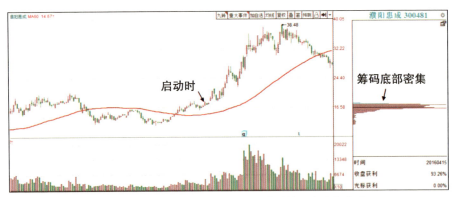

图 3-27　濮阳惠成（300481）启动时筹码在底部集中

当股价运行至高位，底部密集的筹码峰消失，筹码大部分转移至高位，并且在高位集中，提示主力在底部持有的筹码，在拉升过程中通过不断派发，已经完成出货，派发的筹码大部分在高位被散户接手，形成了高位集中的筹码峰。如图 3-28 所示。

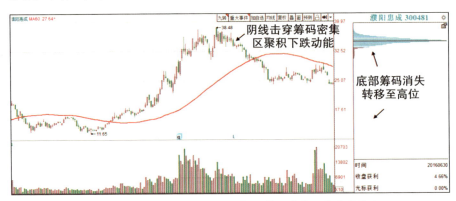

图 3-28　濮阳惠成（300481）低位筹码消失，在高位集中

那么，后市是见顶还是"空中加油"？仍然需要结合趋势指标进行综合判断。

与核心指标综合运用发现，筹码在高位集中之后，依次出现了跌破趋势支撑线以及跌破 M60，可以确认，主力已经完成了低位筹码的派发，个股进入下降通道，新一轮下跌行情明确开启。如图 3-29 所示。

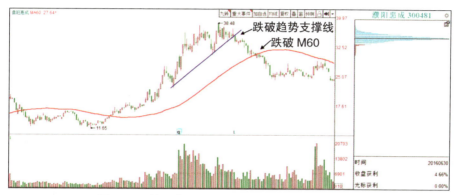

图 3-29　筹码高位集中结合趋势指标确认下降通道

第四节　筹码中的量价、时间耦合关系

从 2018 年 11 月开始至 2021 年的最后一批关门弟子，期间有六七十人拜我为师学习趋势交易体系，令人欣慰的是大部分学生都坚持了下来，并取得了不错的成绩，尤其是一些职业选手进步神速。其中有一位 90 后的翁凯锐同学，2020 年 3 月从国外归来进行系统学习，时至今日已经在股市中实现了财务自由，并且形成了属于自己的交易体系。翁凯锐本人对量能、筹码和情绪等方面的研究尤为深入，有独到的见解，特邀请其共同完成下面关于筹码量价的内容。

由于是工科加金融背景，因此看问题的视角会偏好以简单的物理模型为基础。初等物理告诉我们力在时空坐标系中体现矢量性（大小、方向、作用点）。作用点聚集，方向相对的一致和施加的外力大小决定了一个刚体在空间中的位移的大小和方向（也可以考虑摩擦）。股票标的作为一种所有者权益，从投机者的角度获取其差价盈利的过程和力的三要素与刚体的模型大相径庭。

量价异动切入点的跟踪是寻找并尝试潜在市场逻辑的可能性的法宝之一。

我们要明白这个市场的坐标系：成交量和时间序列的维度及成交量和股票价格的维度（即筹码分布），二者不可分割开去研判和使用。很多的量价异动在成本分析上是合理的，可以打出差价，但是在时间序列的维度上是否形成气候就需要指数的状态、板块行业的资金活跃程度等因素。在量价异动之后的时间序列中，如果此标的所属周期被点燃，市场对此所属行业的逻辑一天比一天认可，盘口信息是各路强扫单(但是龙虎榜单不一定传递强势信号，需要具体案例具体分析)，各路资金争先恐后涌入，此时在这两个维度的耦合上，异动切入点尝试的投机者会是最强的先手和被正反馈的选手。

一、恒锋工具（300488）案例解析

恒锋工具（300488）在 2021 年 8 月 3 日时走出了"仙人指路"。如图 3-30、3-31 所示。

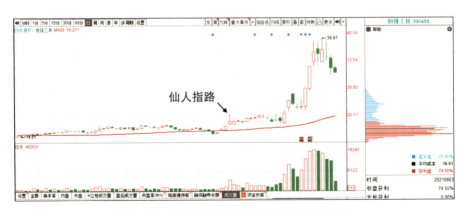

图 3-30 恒锋工具（300488）出现仙人指路

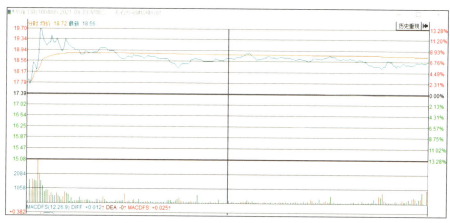

图 3-31 恒锋工具（300488）仙人指路分时图

分时针尖状的量价异动需要大家从盘口去观察，当日的股价运行至连续竞价盘尾时，这个当日的日 K 在时间序列上的成交量已经产生了倍量异动，在价格维度上的异动是其位置已经开始尝试脱离长期的箱体，那么当日尾盘可以选择试探性建仓（此时尚没有"工业母机"的新概念出台）。如图 3-32 所示。本人的习惯是启动点偏好低吸，于是选择在 2021 年 8 月 4 日水下低吸。

2021 年 8 月 20 日再一次出现了"仙人指路"的 K 线形态，日 K 序列的量能再次出现异动，建议大家在复盘时，仔细地把多日的分时图打开，从而可以做关键价位的成本分析和盘口分析，这才会将走势

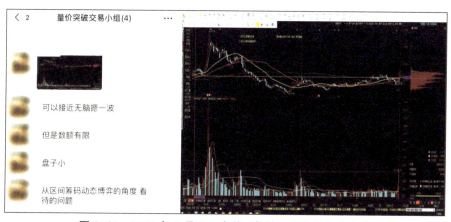

图 3-32 2021 年 8 月 3 日有关"恒锋工具"的复盘内容

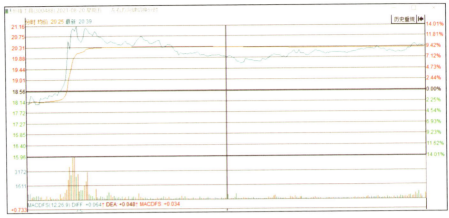

图 3-33　2021 年 8 月 20 日仙人指路的分时图

推演的非常细化。如图 3-33 所示。

　　2021 年 8 月 20 日这个时间节点前后市场开始出现此标的的概念绯闻，除了对"其"持筹成本的分析之外，还需要开始为市场资金对此标的的强度预期做准备了。那么隔天需要开始盯住集合竞价、同类性质标的的竞价、所在身位等。因为握有先手，你就可以有时间去考虑概念板块是否成风的可能性，并且可以从容地去跟踪其持续性，这是筹码成本分析辅助潜在逻辑的核心要点。

　　再次强调，筹码成本分析需要配合指数和板块效应等因素。换而言之，没有逻辑的发酵支持，再好的图形也有夭折的可能性。因为从合力的产生到南北价差的形成是多方相对一致的结果，这一点在"趋势交易体系"中也强调了：再好看的静态筹码分布是没有时空上的矢量性的。

　　至此，主力已经准备好与市场共舞并且在接下来演绎了合理的量价（包括老师反复强调的健康的换手，其实也代表了筹码合理的动态流速和活跃度），右侧交易者顺势也可拿到非常可观的回报。

二、川发龙蟒（002312）案例解析

　　川发龙蟒（002312）在 2021 年 7 月 6 日出现了向上跳空的仙人指路。如图 3-34 所示。

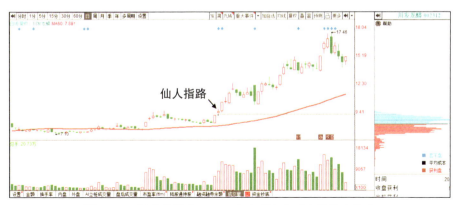

图 3-34　川发龙蟒（002312）出现向上跳空的仙人指路

基于趋势交易体系的理念，向上跳空跳出起飞平台的股性最强，这是非常振奋的一个买点。这里需要强调一个习惯，在前一天的涨停分时量价可以找到一些端倪。如图 3-35 所示。

（1）量价的配合非常有秩序。

（2）烂板回封体现了合理的换手，此部分在《股市趋势交易大师2：龙头作手》中老师给予了详细的讲解。这里提醒大家请不要单纯从技术分析去看待问题，图形的演绎是超短博弈还是中线模型，只是在

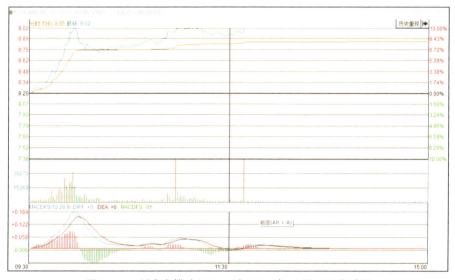

图 3-35　川发龙蟒（002312）2021 年 7 月 5 日分时图

时间维度上量价关系的强弱不同，但是筹码的动态流速和健康程度体现的是一种庄性格局。

在这个分时中，量能的秩序和价格运行方向良好耦合的过程，多方进场和空方的博弈量能呈现阶梯状排布，在确认分时线上承接之后，上板封住，而后也是阶梯状的量能体现有秩序的换手，最终在下午回封。

而后结合题材逻辑等因素，才是决定了下一个交易日长期筹码积攒的势能引发量价结构发生异动，且第二天并没有发生放倍量甚至放几倍量的情况，合力相对聚合。换言之，相对的锁筹效应是非常明显的，2021 年 7 月 6 日这天的螺旋桨即使是相对缩量（25%~30% 之内，但是不能极致地缩量，不讲格局也是极好的）。在势能转化为动能的过程中，市场和持筹之间开始了非常和谐的右侧之路，参考周线及结合"趋势交易体系"中"系好安全带"在这里就用上了。此后的每一个交易日，不管是走强趋势还是走连板参与情绪周期，在时空中都是市场资金和其本身共舞的馈赠，只是不同的量价耦合在时间序列上产生的不一样的运动路径，用相对不同的方法去对待。

通过两个案例的讲解，筹码成本分析是和分时盘口及前后的 K 线组合（日、周级别）牢牢相扣的，掌握一些关键时空节点的盘口量价耦合特征，结合软件的功能，可以每天去仔细复盘出现了异动的标的，同时也实时反推板块、行业的潜在逻辑，每一天都做到有的放矢。

筹码成本分析最终是服务于整个交易体系的，运用合理会增加自己的大局观和自信心，从而使得自己拿到认知能力范围内的最厚的安全垫。

合力即将衰竭一般会体现在：五周期（月、周、日、时、分）内的筹码已经在相对高位聚集，参考软件中的焰色分布，加上成交量放出了高耸的天量。开篇提过，要牢记两个维度的耦合，不能只看计算机拟合的筹码分布，再次提醒要用两个维度去相互验证。

有同事询问过我，大周期级别的五周期内的筹码对判别局部的高点不显著，建议在日、周级别的两个维度趋势未走坏的情况下，局部高点的出现则要参考小时和分钟级别的周期内动态筹码的运动情况。

对于筹码的静态、动态分析需要时间的积累，因为经验需要市场给予时间训练自己正确的条件反射和应激反应，筹码分析是验证维度耦合的工具，也是结合趋势交易、将时空中股价运动路径做预判的概率工具。

> 牛市中，不管初期、中期、末期，最主要的赚钱方法就是买龙头股。我就做一个傻瓜，做一只乌龟，不管它涨跌，抓住龙头股一路持有。牛市最主要的操作方法就是持有，不能拿就不能赚大钱。
>
> ——林园

图 3-36　在舵手读书会中详细讲解筹码分布实战技巧

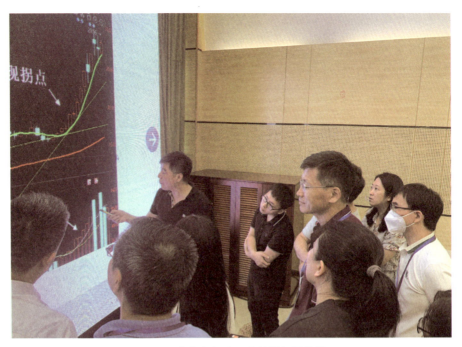

图 3-37　读书会间歇开小灶讲解量价技巧

图 3-38　在舵手读书会中为会员签名留念

第四章　底部区间、头部区间、容易大幅下跌的位置

股票交易的形式比较简单，无非是买入、卖出、空仓、持股。但在实盘操作中，下单指令执行起来就太难了，往往是犹豫不决，交易完成就后悔。如果在做出决策之前，我们把底部结构、头部结构、买点卖点、真假突破等问题搞清楚，那么真金白银地交易起来，就会更加自信果断且精准有效。

第一节　底部区间的技术要点

趋势看周线，交易看日线，日线对应日线级别的趋势运行，周线对应周线级别的趋势运行。趋势交易体系中涉及的技术应用，绝大部分既适用于日线级别，也适用于周线级别。

一、初步见底的底部区间特征

1. 初步见底的成交量特征

下降通道的末期持续地量运行，成交量明显萎缩，市场行情接近冰点，买卖交易都极为惨淡，表明市场已经进入到下降通道的尾声。如图 4-1 所示。

之后，在底部区间明显放量，成交量持续放大，如图 4-2 所示，表明有资金开始大规模进场，底部放量的过程一般分为数次完成。大级别资金进场建仓，多会形成底部成交量反转或者阻尼运动的技术形态。

2. 初步见底的趋势支撑线特征

趋势交易的核心指标方面，趋势支撑线首先发生变化，由斜向下逐渐变得平行。之后，日 K 线级别逐渐出现两到三次以上的探底行为，

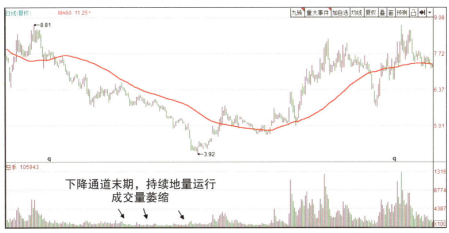

图 4-1　苏州固锝（002079）下降通道末期，成交量萎缩

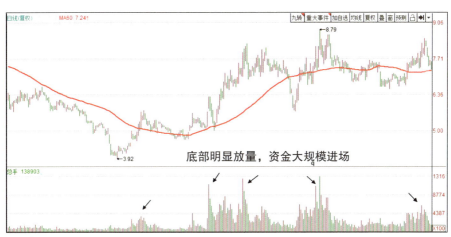

图 4-2　苏州固锝（002079）底部明显放量，资金进场

多个低点的出现，形成可靠的趋势支撑线，呈现平行或略向上斜的状态。如图 4-3 所示。

3. 初步见底的均线系统

（1）有效突破下降通道中的压力均线。

在下降通道中，反弹往往受到均线 M30 的压制，每次反弹至 M30 附近就会受到压力而继续下跌。因此，下降通道中首次有效突破 M30，是最早出现的见底信号，大级别见底信号是首次突破周线的 M30。

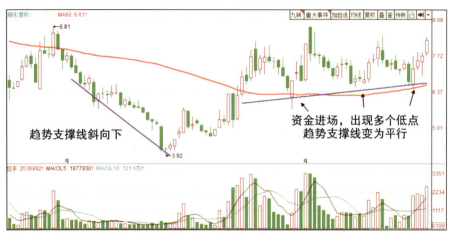

图 4-3 苏州固锝（002079）资金进场后，趋势支撑线变平

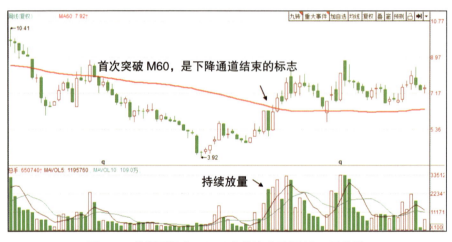

图 4-4 苏州固锝（002079）首次突破周 M60 且放量

首次突破周线 M60 且出现明显、持续放量，是下降通道终结的标志。如图 4-4 所示。

（2）K 线反复穿插短中长期均线。

在下降通道的末期，短中长期均线开始相互靠近，并逐渐缠绕、黏合在一起。K 线反复穿插各均线，波动幅度越来越小，在底部区间进行震荡整理。如图 4-5 所示。

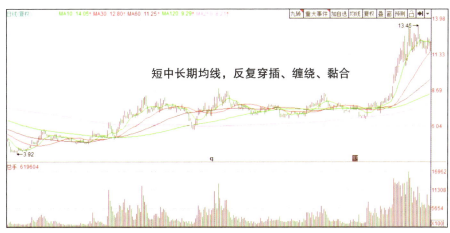

图 4-5 苏州固锝（002079）短中长期均线相互缠绕、黏合

4. 初步见底的筹码分布特征

个股高位套牢的筹码基本消失，转移至底部区间堆积、整理，形成低位集中的筹码峰，筹码峰上方的浮筹逐渐减少。

随着均线相互缠绕黏合和筹码整理，逐渐在底部区间形成筹码峰的密集状态，筹码峰上方的浮筹大部分消失或者完全消失。如图 4-6 所示。

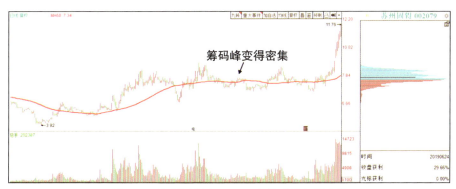

图 4-6 苏州固锝（002079）筹码峰变得密集

5. 市场情绪的变化

下降通道的末期，是市场最恐慌的时期，稍微出现下跌，就会引发恐慌情绪，大家对看空出奇一致。

之后，随着底部出现连续放量，开始出现赚钱效应，春江水暖鸭先知，市场中嗅觉灵敏的游资，开始小范围引爆个股行情。少数个股率先活跃起来，短期内的涨幅翻倍，这是行情由冰点开始复苏的标志。

6. 底部区间的其他特点

在下降通道的末期，单边做空动能明显衰竭，多空双方达到平衡，K线开始频频出现十字星。如图4-7所示。

注意：在下降通道的初期，出现十字星有诱多的可能。

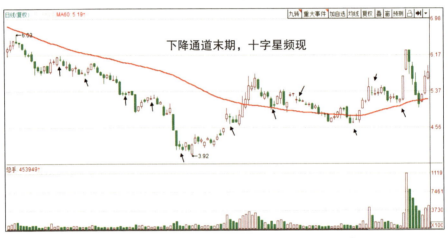

图4-7　苏州固锝（002079）下降通道末期，十字星频现

二、底部结构形成至趋势拐点出现的区间特征

1. 成交量持续放大

趋势拐点出现时，成交量持续放大，表明市场交投开始活跃，不断有新增资金入市，推动指数或股价持续上涨。趋势拐点或者说启动位置的成交量只有持续放大才是最健康的，如图4-8所示，缩量或放量不持续都是不健康的量能。

2. 上升通道开启的趋势支撑线

趋势支撑线由平行变为斜向上，如图4-9所示，上升通道开启后的每次回调均应受到趋势支撑线的有效支撑。

图 4-8　苏州固锝（002079）趋势拐点形成时量能健康

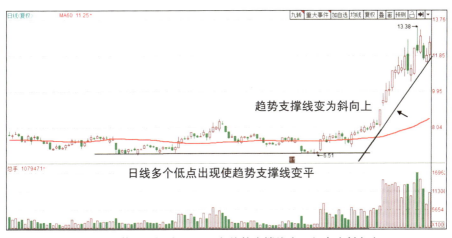

图 4-9　苏州固锝（002079）趋势支撑线由平行变为斜向上

3. 有效突破 M60

有效突破 M60 是开启上升通道的核心指标，有效突破 M60，表明主力资金开启上升通道的意图十分明确，决心十分坚决。

有效突破，即大盘以大阳线突破 M60，个股以涨停板突破 M60；收盘要站稳 M60，要有健康量能的配合；启动后回踩确认成功。如图 4-10 所示。

根据不同的股性特质，个股可以选择回踩短期均线（M5 或 M10）、回踩趋势支撑线、回踩 M60 等。

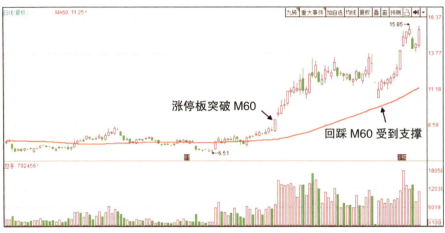

图4-10 苏州固锝（002079）有效突破M60

4. 均线系统呈多头排列

上升通道开启之后，短、中、长期均线呈多头排列上涨。如图4-11所示。

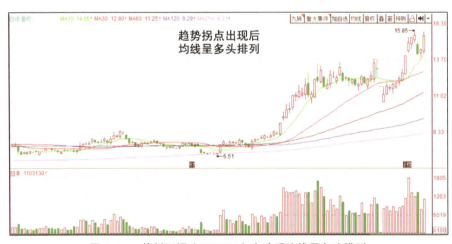

图4-11 苏州固锝（002079）启动后均线呈多头排列

5. 筹码峰底部高度集中

经过建仓、洗盘等一系列运作，启动前夕的筹码峰已经变得高度密集，在底部区间集中，筹码峰上方的浮筹已经完全消失，筹码呈高度锁定状态。如图4-12所示。

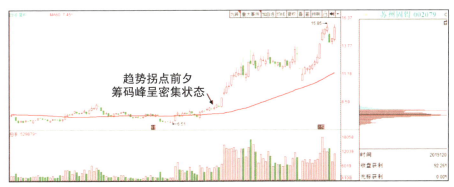

图 4-12 苏州固锝（002079）启动前的筹码峰呈密集状态

6. 市场情绪明显活跃

最明显的特征是市场由个股行情演变为板块行情，趋势出现拐点之后，市场中的资金、题材、板块效应等明显活跃起来，板块轮动加快，涨停个股数量明显增多，龙头股轮番表演，股价在短期内迅速翻倍。

7. 趋势拐点出现的其他技术

MACD 向上突破零轴，之后在零轴之上平稳运行，DIF 与 DEA 在零轴之上形成金叉后，保持开口向上的通道。如图 4-13 所示。

图 4-13 苏州固锝（002079）DIF 与 DEA 在零轴上形成金叉

自此，行情正式转为上涨趋势，开启上升通道。

三、上升通道的特征及"空中加油"

一轮上涨周期是由一个或多个上升通道组成的，上升通道之间由"空中加油"的形式进行连接。

1. 有效突破 M60 是起点标志

从成功开启上升通道，到第一轮上涨周期结束，起点的标志是有效突破 M60，止点的标志是跌破上升通道的趋势支撑线。如图 4-14 所示。

图 4-14　多氟多（002407）一轮上升通道的起点和止点

2. 上涨中继阶段——"空中加油"

上升通道的中继以"空中加油"形式进行连接。

（1）"空中加油"过程的成交量变化有两种：一是高、低点都缩量；二是上涨放量、下跌缩量，这两种量能表现都是健康的。"空中加油"的本质是阻尼运动。

（2）如果"空中加油"的周期较长，主力资金将会对筹码重新进行整理，筹码由发散状态重新变得密集，筹码重新集中之后，上方可存在少量的浮筹。如果"空中加油"的过程较短，筹码可以不重新集

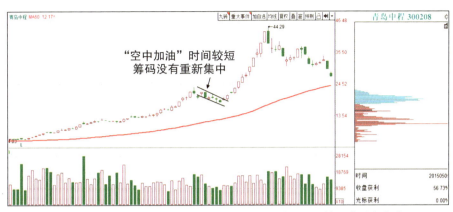

图 4-15　青岛中程（300208）"空中加油"时间短，筹码未重新集中

中，但是成交量呈缩量状态。如图 4-15 所示。

（3）"空中加油"末端方向的选择。

阻尼运动的技术要点中，阻尼运动末端方向的选择决定了下一个区间的趋势方向。"空中加油"末端方向的选择如果向上，是新一轮上升通道的开启，如图 4-16 所示；如果阻尼运动末端方向选择向下，"空中加油"的过程就是失败的。

图 4-16　多氟多（002407）"空中加油"末端向上，开启新一轮上升通道

第二节　头部区间的技术要点

密切关注高位区间的成交量变化，高位放量是判断大盘指数或个股开始进入头部区间最重要的信号。

头部区间是逐渐酝酿风险的过程，应该提前预警并制订减仓计划。在头部区间的形成过程中，会出现以下特征：

一、头部区间的成交量变化

头部区间的量能变化可以分为两个层次：

第一个层次是明显放量，出现天量，如图 4-17 所示。即上升通道开启以来出现最大单日成交量。当然，头部区间的最高点位不一定出现在天量当日，也不是必须马上离场，但是当高位出现天量之后，我们就应该开始保持警惕了。股价运行至头部区间，需要量能和换手的明显放大，才能够实现筹码的派发和转移。因此，高位的巨量和高换手是头部形成的前提条件。

第二个层次是天量出现之后，成交量无法继续放大。这个现象说

图 4-17　上证指数高位出现天量

明市场上没有新的增量资金进场参与交易，市场做多力量开始衰竭，从而出现高位放量滞涨的局面。

当持仓筹码的价格不断升高，市场上缺少持续新增资金进场，就无法继续维持过高的股价。或者，由于主力资金的派发，底部筹码松动，市场中的高位筹码突然或持续大量增加，市场上缺少新增资金持续进场购买筹码，这两种情况都会引发大盘或个股见顶。

筹码和资金博弈的关系，很好地解释了头部区间天量见天价的现象。

成交量出现以上两个层次的变化，提示主力资金在高位已经完成大部分出货动作。

二、头部区间的筹码分布

成交量是市场资金和筹码博弈之后的体现，量能比筹码分布更精准，筹码分布的变化比量能更直观。

在头部区间，主力资金通过不断地换手、派发，大部分低位筹码已经开始在高位集中，形成高位区间的密集筹码峰。如图4-18、4-19所示。

当然，并非所有个股的筹码分布都是同步的，有些个股的主力资金在大盘见顶时来不及完成筹码的派发，就随着大盘一起下跌了，这就是所谓的"被错杀"。

图4-18　中信证券（600030）启动前的筹码分布

图 4-19　中信证券（600030）头部区间的筹码分布

三、头部区间常见的 K 线形态

头部区间常见的 K 线形态有反转 K 线组合、假涨停、双子顶、高空太阳雨等，多属于均线之上的见顶形态，这些指标出现时，甚至连 M5 或 M10 都没有跌破。

这些 K 线形态有一个共同点，就是对应着巨量、巨震的量能表现，并伴有大量筹码的换手，是开启上升通道以来，多空双方第一次在高位发生明显分歧。

（1）双子顶。

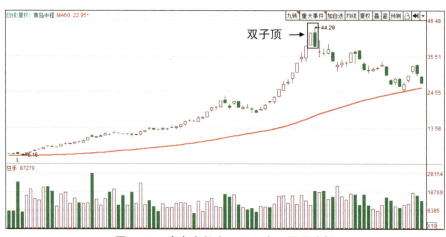

图 4-20　青岛中程（300208）双子顶头部

（2）高位的假涨停，见《股市趋势交易大师2：龙头作手》一书。

（3）高空太阳雨。

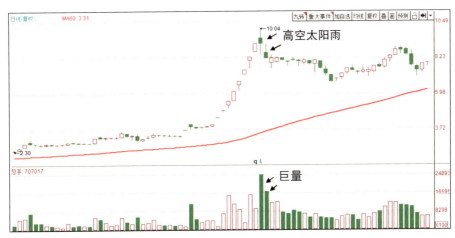

图 4-21　楚天高速（600035）高空太阳雨头部

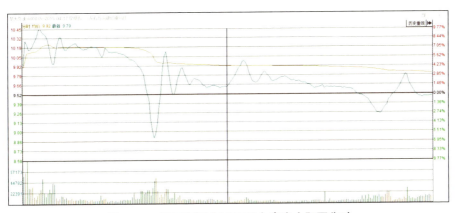

图 4-22　楚天高速（600035）高空太阳雨分时

（4）反转 K 线组合。

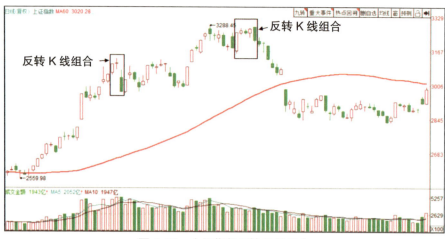

图 4-23　上证指数反转 K 线组合

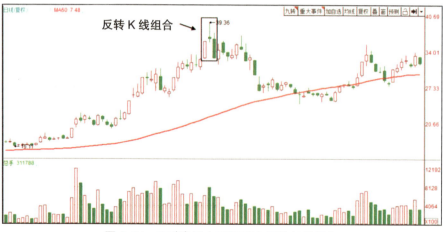

图 4-24　五矿发展（600058）反转 K 线组合

四、头部区间的趋势支撑线

指数或个股跌破趋势支撑线，标志着该上升通道的封闭，这是上升趋势终结最明确的信号。趋势支撑线分为大区间（大周期）趋势支撑线和小区间（小周期）趋势支撑线，大区间趋势支撑线反映整个大周期的上升通道的运行状态，小区间趋势支撑线反映每一个小周期的上升通道的运行状态。

一轮牛市行情终结的最明确标志，是跌破大区间（大周期）趋势支撑线。如图 4-25 所示。

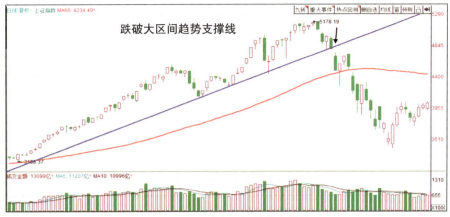

图 4-25　跌破大区间趋势支撑线

五、均线系统逐个有效跌破

1. 短期均线 M5/M10

短线交易多由市场游资主导，连续两次或以上出现日内跌破 M5/M10，使得短期趋势破坏，反映了市场中的短线活跃资金对短期行情开始看空。

2. 中期均线 M30

M30 是用来辅助判断后市能否形成后顶的指标，虽然不是绝对，但一般来说 M30 有支撑，后市还会形成后顶；如果 M30 没有支撑，后市一般不会再形成后顶，将继续向下寻找 M60 的支撑。如果 M60 继续

图 4-26　上证指数 M30 的支撑与后顶形成

图 4-27　上证指数 M30 的支撑与后顶形成

破位，将彻底终结上涨趋势。如图 4-26、4-27 所示。

3. 生命线 M60

有效跌破 M60，彻底终结上涨趋势，不再赘述。

六、市场情绪变得异常狂热

头部区间的市场情绪，往往是市场最疯狂的时候，炒作和交投达到白热化状态。火爆的行情和强大的赚钱效应使市场中每一位参与者充斥着贪婪和疯狂，人人都在深信股市将继续上涨，菜场、浴室都在谈论股票，一些知名专家拼命鼓吹，民间股神随处可见。

七、技术指标出现顶背离

MACD 在高位多次出现顶背离状态，甚至出现死叉，可以作为辅助的参考指标。MACD 对应的量柱与上涨出现明显背离，表明上涨的动能在逐渐衰竭。

第三节 容易大幅下跌的位置

在股市运行的不同区间和周期，存在几处容易出现大幅下跌的位置，这些位置极易发生暴跌，使投资者深套，这也是造成投资者亏损的主要原因。通过学习趋势交易体系，要认识并重视这几处容易发生暴跌的位置，避开这些区域就不容易造成大幅的亏损。

一、容易大幅下跌的四个位置

1. 后顶日内跌破 M5/M10
反映了市场中的短线活跃资金对短期行情开始看空。

2. 跌破趋势支撑线处
跌破趋势支撑线标志着上升通道的封闭。

3. 跌破生命线 M60 处
属于多头获利方的多杀空行为。

4.M120 小平台末端
属于套牢盘相互踩踏的空杀空行为。

二、下跌中继——M120 小平台

当指数或个股见顶后，从头部开启的第一轮下跌，一般跌至 M120 附近，多空双方会达到暂时的平衡，搭建一个振幅不大的箱体平台（阻尼运动），称作 M120 小平台。小平台在 M120 附近形成，可以位于 M120 之上，也可以位于 M120 之下。

M120 小平台属于下跌中继，多空平衡只是暂时的，在小平台末端将开启新一轮的杀跌。如图 4-28、4-29 所示。

如果在 M120 小平台破位时继续买入或持有股票，将会造成巨大的损失。

图 4-28　上证指数 M120 小平台末端是暴跌

图 4-29　申科股份（002633）M120 小平台末端是暴跌

　　在某些极端的情况下，从头部开启的第一轮下跌，跌至 M120 附近，甚至连 M120 小平台都未搭建，便继续新一轮的杀跌。如图 4-30 所示。

　　行情结束之后，从头部区间开启的下跌，跌至 M120 附近，大部分情况下会形成 M120 小平台，短暂整理之后重新开启新一轮的下跌。不管 M120 小平台有没有搭建，这里都是下跌通道的中继，在这个位置发生趋势逆转几乎没有可能。绝对不应该进行任何买入操作，哪怕之前被套，这里都是最后割肉离场的机会。

图 4-30　森远股份（300210）未搭建 M120 小平台直接暴跌

最后，再强调一次，M120 小平台末端是暴跌！

这些位置和区间出现大幅下跌之后，也是比较容易形成超跌反弹的，一定要记住：

（1）在下跌动能未衰竭、下降通道未封闭、趋势未发生逆转之前，任何上涨只是反弹，不是反转。

（2）下跌通道中出现的买入机会，只是波段性买点，不是趋势性买点，只适合轻仓抢反弹，要避免重仓、长线交易。

（3）严格制订止损计划并坚决执行。

本章小结

主力资金建仓之后，不一定立刻启动行情。成功开启上升通道需要受到众多因素的影响，比如大盘环境、题材风口、板块联动效应形成等等。发现符合条件的个股，应该加入股票池中进行跟踪观察，并非立刻进行买入，持股死守。上升通道明确开启的一刻，才是最恰当的进场时机。

特别说明：本书举例解析所选用的个股都是随机挑选的，趋势交易体系的理论和技术指标适用于大盘指数以及绝大多数个股。

图4-31　在舵手读书会详细讲解破位时的量能特点

图4-32　在舵手读书会详细讲解头部分时特点

第五章　基本面分析的五个层面

用价值投资的理念选择上市公司，需要对上市公司的财务指标进行全面系统的分析，最常见的参考资料就是上市公司的年报，年报中最基础、最重要的三大金指标分别是净利润增长率、毛利率和净资产收益率，这是我当年初学价值投资时，收获最大的部分。

系统化的价值投资，将价值投资与趋势理念进行完美结合，是我 16 年来一直坚持和追求的目标，耗费了大量的心血，如今全部奉献给广大的读者，希望对大家能够有所启发。

系统化的价值投资需要从净资产及净资产回报率、公司经营能力及成长性、衡量净利润成色、市场估值、基本面排雷五个层面，对上市公司的基本面进行系统剖析。

第一节　净资产及净资产（股东）回报率

一、净资产是对过去和现在的估值

净资产就是所有者权益，净资产是属于上市公司所有，可以自由支配的资产。分为两部分：一是开办公司当初投入的资本，包括溢价部分。二是公司经营之中创造的，也包括接受捐赠的资产。

净资产（最初净资产＋利润的积累）包括实收资本、资本公积、盈余公积、未分配利润四部分组成。

1. 实收资本

资本总额（初发行）。

2. 资本公积

发行溢价、接受捐赠等。

3. 盈余公积

从利润中按比例提取，计入盈余公积。

（1）法定盈余：国家规定上市公司必须从税后利润中提取盈余公积，提取比例为 10%。

（2）任意盈余。

盈余公积主要用于：

（1）弥补公司以前的亏损。

（2）扩大公司生产经营。

（3）转增公司资本。

4. 未分配利润

上市公司实现的净利润经过弥补亏损、提取盈余公积和向投资者分配利润后留存在公司的、历年结存的利润。能够用来分红的利润，是未分配利润。本年度没有分配完的利润，可以下一年继续分配。

（1）现金分红。

（2）转为新股份。

净资产是以历史成本来计算的，按照最初购买该资产的价格来记账。比如，某上市公司去年购买了一批原材料，价格为 100 万元，今年这批原材料涨价到 200 万元，上市公司的财报上不会按照 200 万元来记账，依然按照 100 万元计算为净资产。

因此，净资产是基于历史成本计算出来的股东所拥有的所有者权益，单一的净资产指标无法用来衡量和评估未来公司资产增值的变化。

二、净资产（股东）回报率

又称净资产收益率（ROE），净资产回报率 = 净利润 / 净资产。

这是用来衡量上市公司运用自有资本的效率。ROE 指标越高，说明股东投资带来的收益越高，该指标反映了自有资本获得净收益的能力，是衡量股东回报率的金指标。我们买入上市公司的股票，同时成为该公司的股东，公司对股东的回报率如何，直接决定了我们这一笔投资的收益。

当净资产收益率 >10% 时，说明公司正处于成长期，股东投资公司，可以享受到公司成长过程中的高收益。

当净资产收益率 >15% 时，说明公司正处于成熟期，是公司对股东回报比较固定和稳定的时期。

ROE 是巴菲特选股的金标准，他对上市公司 ROE 指标的要求是持续保持在 15% 以上。我们关注和研究上市公司的财务指标，应该重视指标的持续性，要求连续三年以上达到标准。

第二节　上市公司的经营能力及成长性

如果说 ROE 是用来衡量上市公司对股东的回报率，属于股东投资回报层面的范畴，那么，经营能力及成长性则属于公司经营层面的范畴，用来衡量上市公司的盈利能力以及盈利能力的持续性。

一、上市公司的经营能力

衡量公司生产经营能力的指标：毛利率

毛利率＝（主营业务收入－主营业务成本）/ 主营业务收入 ×100%

毛利率反映的是原材料经过生产、加工成为商品，商品销售以后增值的那一部分。增值部分越多，毛利率就越高，这是判断一家上市公司是否赚钱的金指标。

一家上市公司购买原材料花费 100 元，加工成产品之后，卖出 1000 元，那么经过生产、销售以后增值的部分就是 900 元，这家公司的毛利率就是 90%。在 A 股的上市公司中，高端白酒、软件、一些垄断行业的毛利率都很高。以前的房地产行业、医药行业的毛利率也很高。

以价值投资为目的来挑选上市公司，如果毛利率达不到 30% 的水平，这样的公司在生产、销售环节的赚钱能力不足，达不到价值投资的要求。另外，应该跟踪和分析上市公司连续几年的毛利率变化。

二、上市公司的成长性

上市公司的成长性反映在主营业务收入增长率、净利润增长率等指标方面，尤其是净利润增长率。上市公司持续的成长性，本质就是持续盈利、创造净利润的能力以及源源不断地产生与净利润相匹配的现金流，实现净利润与现金流同步持续增长。

1. 主营业务收入增长率

主营业务收入增长率是公司当期主营业务收入比上期主营业务收入的增长幅度。主营业务收入增长率超过 20%，说明上市公司规模和产能处于成长期，将继续保持良好的成长势头，属于成长型公司。

成熟公司的特点是主营业务收入增长率接近其所在经济体的经济增长率。成熟型公司会出现主营业务收入增长率和净利润增长率差距较大的情况，成熟型公司可以通过改善管理、提高效率，使其净利润增长率提高，但是很难改变其主营业务收入增长率。

因此，选择成长型公司，主营业务收入增长率超过 20% 也是很重要的指标。

2. 净利润增长率

净利润增长率是上市公司当期净利润比上期净利润的增长幅度，指标值越大表示上市公司的盈利能力越强，是衡量上市公司成长性的金指标。

一家快速成长的上市公司，如果在其成长周期内，每年连续的净利润增长率达不到 50% 以上，那么该上市公司的成长性就达不到标准。对于快速成长、成长具有持续性的上市公司，净利润每年连续增长率 >50% 是最基本的要求。

成长型上市公司，其特点是净利润增长特别快，净资产收益率相对较高，尤其是净利润增长率和净资产收益率持续增长。缺点是这类公司尚处于成长初期，盈利能力尚未成熟，毛利率、每股收益等指标相对不高。

成熟型上市公司，其特点是盈利能力强，毛利率、每股收益都特别高。缺点是这类公司一般已经趋于成熟，因此，未来的成长空间相对有限。

另外，公司的成长性，也可以从强者恒强的角度来考虑，处于行业第一的公司，成长性更有保障，其核心竞争力的存在，牢牢地奠定了其成长性。

第三节 衡量净利润的成色

通过对上市公司的股东回报率、盈利能力以及成长性等指标的了解和运用，我总结归纳了以下几个重要的财务指标：

（1）净资产收益率＝净利润／净资产 ×100%。

（2）毛利率＝毛利润／主营业务收入 ×100%。

（3）净利润增长率＝（当期净利润－上期净利润）／上期净利润 ×100%。

（4）每股收益＝税后利润／总股本。

这些重要指标的分子，都是利润。因此，价值投资的核心指标就是利润，尤其是净利润！

为了筛选出真正具有投资价值的上市公司，筛选出高品质的净利润，我设定了一些指标来衡量和判断净利润的成色。

一、净利润绝对值

如果单纯使用净利润增长率这一指标，来衡量上市公司的成长性和净利润的成色，是片面的。

如图 5-1 所示，深华发 A（000020）2017 年的净利润是 97.44 万元，2018 年的净利润是 329.5 万元，该公司的年度净利润增长率为

238.16%，属于盈利能力和成长性很好的公司了。但是我们仔细分析发现，净利润的绝对值只有 329.50 万，一家年净利润只有 300 万的上市公司，实在不具备什么价值投资的意义。

科目／年度	2018	2017
成长能力指标		
净利润（元）	329.50 万	97.44 万
净利润同比增长率	238.16%	−82.15%
扣非净利润（元）	153.50 万	207.96 万
扣非净利润同比增长率	−26.19%	−59.30%

图 5-1　深华发 A（000020）净利润的绝对值过小

之所以会产生这样的偏差，是因为只注重了净利润增长率，而忽视了净利润的绝对值。对于一家值得进行价值投资的上市公司，其净利润绝对值要在 5000 万以上。

净利润低于 5000 万的上市公司，或是因为公司的盈利能力不足，或是因为公司在行业内的竞争力不大，或是因为公司产品的市场太小，最终很难成为优良的价值投资标的。

二、扣非净利润与净利润

扣非净利润是归属于上市公司股东的扣除非经常性损益的净利润。

非经常性损益是指上市公司发生的与生产经营无直接关系，以及虽与生产经营相关，但由于其性质、金额或发生频率，影响了真实、公允地评价公司当期经营成果和获利能力的各项收入、支出。非经常性损益在利润表主要包括：投资收益、公允价值变动损益以及营业外收入和支出。属一次性或偶发性获得，含金量较低，且不能显示上市公司的持续盈利能力。因此，我们更应该关心的是扣非之后的净利润，也就是说，通过正常生产经营途径来获得的主营业务净利润。

中联重科（000157）2015年、2017年净利润和扣非净利润之间的对比，净利润指标都是不错的，但是扣非净利润的水分很大，像这样的扣非净利润表现，是无法长期放心地对该公司进行价值投资的。如图5-2所示。

科目／年度	2018	2017	2016	2015
成长能力指标				
净利润（元）	20.20 亿	13.33 亿	−9.34 亿	8346.74 万
净利润同比增长率	51.65%	242.65%	−1218.64%	−85.95%
扣非净利润（元）	14.90 亿	−79.50 亿	−16.78 亿	−4.49 亿
扣非净利润同比增长率	118.74%	−373.88%	−273.64%	−241.07%

图5-2　中联重科（000157）净利润与扣非净利润不匹配

对比海天味业（603288）净利润和扣非净利润之间的关系，如图5-3所示，可以看出，公司的净利润和扣非净利润基本上相匹配，公司利润的产生，主要依靠主营业务，是值得进行价值投资的优良标的。

科目／年度	2018	2017	2016	2015
成长能力指标				
净利润（元）	43.65 亿	35.31 亿	28.43 亿	25.10 亿
净利润同比增长率	23.60%	24.21%	13.29%	20.06%
扣非净利润（元）	41.24 亿	33.84 亿	27.68 亿	24.39 亿
扣非净利润同比增长率	21.88%	22.24%	13.47%	21.49%

图5-3　海天味业（603288）净利润与扣非净利润相匹配

对于主营业务单一的上市公司，其利润的产生主要依靠主营业务，价值投资应该尽量规避那些"不务主业"的上市公司。因此，进行价值投资，要挑选主营业务单一的公司，而题材炒作，则要挑选复合概念多的公司。

三、净利润增长率

对于快速成长、成长具有持续性的上市公司，净利润增长率 >50% 是最低标准。我们投资这样的公司，既可以享受到公司盈利所带来的收益，又能够享受到公司成长所带来的收益。

图 5-4 是隆基股份（601012）的净利润增长情况，从 2013 年开始至 2017 年，其年度净利润增长率持续保持在 100% 以上，同时，净利润与扣非净利润相匹配，这就是快速成长、成长具有持续性的公司。

科目／年度	2018	2017	2016	2015	2014
成长能力指标					
净利润（元）	25.58 亿	35.65 亿	15.47 亿	5.20 亿	2.94 亿
净利润同比增长率	-28.24%	130.38%	197.36%	77.25%	313.85%
扣非净利润（元）	23.44 亿	34.65 亿	15.03 亿	5.27 亿	2.69 亿
扣非净利润同比增长率	-32.36%	130.45%	185.04%	96.16%%	555.54%

图 5-4 隆基股份（601012）净利润增长率持续快速增长

四、经营性现金流净额与净利润相匹配

经营性现金流净额与净利润之间要相互匹配，上市公司的盈利能力和成长性，本质上就是持续创造净利润的能力以及源源不断地产生与净利润相匹配的现金流，实现净利润与现金流的同步持续增长。

海天味业（603288）从 2015 年—2018 年的扣非净利润分别为 24.39 亿、27.68 亿、33.84 亿、41.24 亿，相对应的经营性现金流净额分别为 21.95 亿、40.74 亿、47.21 亿、59.96 亿，充足健康的现金流可以保障净利润能够以现金的形式实现。如图 5-5、5-6 所示。

科目/年度	2018	2017	2016	2015
成长能力指标				
净利润（元）	43.65 亿	35.31 亿	28.43 亿	25.10 亿
净利润同比增长率	23.60%	24.21%	13.29%	20.06%
扣非净利润（元）	41.24 亿	33.84 亿	27.68 亿	24.39 亿
扣非净利润同比增长率	21.88%	22.24%	13.47%	21.49%

图 5-5 海天味业（603288）净利润连续增长

收到其他与经营活动有关的现金（元）	2018	2017	2016	2015
经营活动现金流入小计（元）	207.25 亿	180.22 亿	152.82 亿	123.48 亿
购买商品、接受劳务支付的现金（元）	104.85 亿	91.95 亿	78.67 亿	72.42 亿
支付给职工以及为职工支付的现金（元）	7.48 亿	6.79 亿	5.93 亿	5.53 亿
支付的各项税费（元）	21.12 亿	19.13 亿	14.85 亿	13.79 亿
支付其他与经营活动有关的现金（元）	13.84 亿	15.15 亿	12.63 亿	9.79 亿
经营活动现金流出小计（元）	147.29 亿	133.01 亿	112.08 亿	101.53 亿
经营活动产生的现金流量净额（元）	59.96 亿	47.21 亿	40.74 亿	21.95 亿

图 5-6 海天味业（603288）经营性现金流净额连续增长，与净利润相匹配

净利润是账面上的，可能以现金的形式实现，也可能无法完全以现金的形式实现。现金流是上市公司的血液，只有以现金流形式实现了的净利润才是健康的净利润，才是有成色的净利润。

1. 通过净利润判断企业盈利能力

经营性现金流净额/净利润应该大于等于1，说明净利润全部以现金形式实现，该指标越高，说明净利润实现的质量越高。

经营性现金流净额/净利润小于1，存在三种情况：

（1）净利润为正数，经营性现金流净额为负数。

企业盈利能力可以，但是存在存货赊销，应收账款收不回，无法取得和利润匹配的现金流量，企业需要考虑加大应收账款的回款。另外，现金流紧张需要企业考虑融资来进行补充。

（2）净利润和经营性现金流净额都为正数，净利润大于经营性现金流净额。

表示净利润部分以债权形式实现，短期应收账款影响不大，长期应收账款有可能变成坏账，无法收回，最终影响企业在生产经营中需要的现金流。

（3）净利润和经营性现金流净额都为负数，净利润负的少一些。

企业经营困境，盈利能力弱，现金流短缺，入不敷出。导致公司经营性现金流为负的主要原因是当期应收账款增加或存货增加，这将严重影响企业的正常生产销售活动。

2. 经营性现金流量净额和自由现金流

现金流量表分为：经营活动现金流量表、投资活动现金流量表和筹资活动现金流量表三大部分，分别与上市公司的经营活动、投资活动和筹资活动相互关联。

我们需要重点关注的是经营活动产生的现金流量净额和自由现金流。

经营活动产生的现金流量净额（CFO）= 经营活动的现金流入小计－经营活动的现金流出小计。

自由现金流（FCF）= 经营性现金流净额－资本性支出。

自由现金流是上市公司为股东赚取的现金流中，股东真正可以自由支配的。自由现金流丰富，上市公司可以偿还债务、开发新产品、回购股票、支付股息等。

以上市公司未来能够产生的自由现金流量进行折现，可以对上市公司进行估值，计算上市公司的内在价值。也可以这样说，投资一家上市公司的股票，就是购买公司未来可以产生的自由现金流。

自由现金流不包括投资活动、筹资活动所产生的现金流，通过股东增发新股、向银行贷款、发行新债等筹集的资金也不属于自由现金流。只有经营活动产生的现金流才可以增加自由现金流。

资本性支出包括：资产减值准备＋固定资产折旧、油气资产折耗、生产性生物资产折旧＋无形资产摊销＋长期待摊费用摊销＋处置固定资产、无形资产和其他长期资产的损失 + 固定资产报废损失。

以海天味业（603288）为例，2018 年经营性现金流量净额为 59.96 亿，如图 5-7 所示，资本性支出为：4.63 亿 =4.37 亿 +0.06 亿 +0.2 亿，如图 5-8 所示，自由现金流为 55.33 亿 =59.96 亿 –4.63 亿，每股经营性现金流为 2.22 元 =59.96 亿 /27 亿股。

科目 / 年度	2018
一、经营活动产生的现金流量（元）	
销售商品、提供劳务收到的现金（元）	**205.17 亿**
收到的税费与返还（元）	741.76 万
收到其他与经营活动有关的现金（元）	8333.24 万
经营活动现金流入小计（元）	207.25 亿
购买商品、接受劳务支付的现金（元）	104.85 亿
支付给不职工以及为职工支付的现金（元）	7.48 亿
支付的各项税费（元）	21.12 亿
支付其他与经营活动有关的现金（元）	13.84 亿
经营活动现金流出小计（元）	147.29 亿
经营活动产生的现金流量净额（元）	59.96 亿

图 5-7　海天味业（603288）2018 年经营性现金流量净额

加：资产减值准备（元）	—
固定资产折旧、油气资产折耗、生产性生物资产折旧（元）	4.37 亿
无形资产摊销（元）	600.12 万
长期待摊费用摊销（元）	—
处置固定资产、无形资产和其他长期资产的损失（元）	2011.60 万
固定资产报废损失（元）	—

图 5-8　海天味业（603288）2018 年资本性支出

五、每股收益与每股经营性现金流净额相对应

每股收益是税后利润与股本总数的比率。

每股经营性现金流净额是指公司经营活动的现金流入减去经营活

动的现金流出的数值除以总股本。

公司每股经营性现金流净额越大，表明主营业务收入以现金形式收回的能力越强。

两者在定义上并非同一指标，数值上并非要相等。但是可以作为我们衡量净利润成色的一个参考指标。

（1）如果每股经营性现金流净额与每股收益是相对增长，可以侧面反映出净利润以现金的形式进行实现，这样的利润是健康的。

（2）如果每股经营性现金流净额低于每股收益，说明公司的利润含金量低，利润没有完全以现金的形式实现，公司出售了产品，却没有完全收回现金。

（3）如果每股经营性现金流净额高于每股收益，表明上市公司收到了预付资金，导致每股经营性现金流净额增加，待预定产品销售之后，每股收益还有进一步增加的空间。

横向比较同行业中各公司的每股收益来选择龙头企业，纵向比较每股收益来判断公司的成长性。一个成熟、有盈利能力且能回报股东的公司，其每股收益应该大于 0.5。

同样以海天味业（603288）为例进行说明，从 2015—2018 年每股收益分别为 0.93 元、1.05 元、1.31 元、1.62 元，同期对应的每股经营性现金流净额分别为 0.81 元、1.51 元、1.75 元、2.22 元，可以看出，这两个指标都在持续增长，同时，也在相对应增长。如图 5-9 所示。

每股指标	2018	2017	2016	2015
基本每股收益（元）	1.6200	1.3100	1.0500	0.9300
每股净资产（元）	5.14	4.35	3.70	3.23
每股资本公积金（元）	0.49	0.48	0.49	0.49
每股未分配利润（元）	3.12	2.39	1.85	1.47
每股经营性现金流净额（元）	2.22	1.75	1.51	0.81

图 5-9　海天味业（603288）每股收益与每股现金流相对应增长

六、现金分红反映真实利润

进行价值投资，尽量选择以现金形式进行分红的上市公司，尤其是长期以现金形式进行分红的上市公司。上市公司对股东进行回报，能够以现金形式分红，可以说明上市公司所创造的利润是真实的。

七、纳税增长反映主营业务和利润增长

上市公司财报周期的税费出现增长，可以侧面反映出上市公司主营业务和利润出现增长，业绩增长与税费增长应该是同步存在的。如图 5-10 所示。

如果一家上市公司的业绩出现大幅增长，而税费（国家政策免税、减税的企业除外）却没有出现同步，我们完全有理由怀疑业绩的真实性。反过来说，只要上市公司缴纳的税费出现大幅增长，那么也可以侧面反映出公司的业绩大幅增长。

2021-03-31	2020-12-31			
变动科目	本期数值	上期数值	变动幅度	变动原因
营业收入(元)	28.09亿	12.85亿	↑ 118.53%	产品价格上涨、产品销量增加
销售商品、提供劳务收到的现金(元)	26.80亿	11.62亿	↑ 130.55%	产品价格上涨，产品销量增加使现金流增加
营业成本(元)	22.58亿	12.37亿	↑ 82.55%	产品销量增加成本增加、运费及计划内停工修理费进营业成本
偿还债务支付的现金(元)	15.89亿	6.39亿	↑ 148.67%	本年偿还到期借款
预付款项(元)	5.14亿	11.74亿	↓ 56.24%	去年预付原油陆续到货
长期应付款合计(元)	4.70亿	3.40亿	↑ 38.19%	增加融资租赁业务
长期借款(元)	2.74亿	2.00亿	↑ 37.22%	项目付款，贷款增加
支付的各项税费(元)	2.07亿	5320.76万	↑ 289.45%	企业所得税及增值税增加

图 5-10　税费增长可以反映公司业绩出现增长

通过以上几个指标，可以对净利润的成色进行全方位的检验，筛选出真正含金量高的净利润。

第四节　上市公司的估值体系

上市公司的估值体系可以分为两部分：过去和现在的估值、未来的估值以及估值拐点。

一、上市公司过去和现在的估值

反映的是目前的公司市值，用于衡量市场对上市公司过去和现在估值的定位，主要指标有净资产、市净率（PB）、市盈率（PE）等。

1. 市净率（PB）

每股股价 / 每股净资产，字面上理解市净率较低的股票，投资性价比较高，但这是片面的。低市净率选股的错误方法至今还有许多人在使用，这种方法的错误主要源于两点：

（1）买打折货的贪便宜心理。

随着西方价值投资理念的传播和深入，伪"护城河"、伪"安全垫"等价值投资方法被许多人追捧。这些方法的观点大同小异，都是等待资产打折时低价买入。

比如，一座可承重10吨的桥，通过一辆载货9吨的卡车，安全吗？显然是不安全的，安全垫太少，护城河太浅。一座可承重10吨的桥，通过一辆载货5吨的卡车，安全吗？安全性大大提高！这就是"护城河理论"的表面理解。

上市公司的股价原本为10元一股，等待股价跌至5元再出手，这样持股的安全系数大大提升。等待公司股价狠狠打折时买入，这样的交易正确吗？很显然，这是片面的。

巴菲特早期深受恩师格雷厄姆的影响，把购买"打折股票"的理念深深烙在内心，当年投资伯克希尔哈撒韦纺织厂，理由就是股价远低于公司的运营资产，也就是极低的市净率。1965 年买入伯克希尔哈撒韦之后，公司的纺织业务不断亏损，巴菲特最终关闭了纺织工厂。

伪"护城河理论"的错误，就在于没有意识到上市公司的公允价值是由市场决定的，价格是由市场开出的，市场给出"打折"价格，自有道理。

（2）对于净资产的概念和价值投资的真谛没有正确的认知。

前面我讲了，净资产是衡量过去和现在的估值，也就说，上市公司过去值多少钱，今天的市场又愿意开出什么价，可以用净资产指标来衡量。但是，价值投资的真谛是对上市公司的未来进行估值，市场未来愿意给出多少公允价值。

因此，单纯的净资产指标，无法系统衡量上市公司未来的估值。

后来巴菲特坦言，以合理的价格买下一家好公司要比用便宜的价格买下一家普通的公司好得多，这应该是巴菲特遇到芒格老爷子之后的最大收获吧，也给我们所有人在价值投资方面好好上了一课，使我们少走了很多弯路。

2. 市盈率（PE）

股票的价格和每股收益的比率，多用来衡量某只股票的估值，是一种比股价绝对价格更加科学、合理的估值标准。

比如说，2011 年度贵州茅台收盘价 200 元时，其市盈率为 22 倍左右；而同年度，ST 梅雁收盘价 2.6 元时，其市盈率为 166 倍左右。如果从股价的绝对值来比较，贵州茅台 200 元一股要远远贵于 2.6 元一股的 ST 梅雁，但是从市盈率方面分析，200 元一股的贵州茅台比 2.6 元一股的 ST 梅雁更具有投资价值。

需要说明一点，对比市盈率，应该在同行业内进行横向比较，因为不同行业的回报率和投资风险都是不一样的，因此，各类行业的合理市盈率亦不相同。

动态市盈率的概念和意义，主要是按照公司预计明年每股收益增长率来进行计算的。其实，单纯从计算方法，已经向我们传递了一个很重要的信息，那就是盈利能力强的企业，其成长性是动态的、持续的，应该选择盈利持续增长的企业。

我们进行价值投资，绝对不能因为上市公司的 PB、PE 低甚至出现破净而进行买入。在资本市场中，最聪明、最有权威的就是市场资金，面对一个破净上市公司给出的打折价格，市场资金选择无动于衷，说明这家公司实在不具备投资价值和未来成长空间。

市值是公允价值的反映，是上市公司在二级市场上，市场愿意给出的真实价格。市场既然给出了这么低的市场估值（市值），本身就说明该公司具有应该被低估的合理性和逻辑。进行价值投资，绝对不能把股票价格便宜作为选股、甚至是买入的依据。

二、上市公司未来的估值以及估值拐点

上市公司未来不断提升的估值，才是价值投资真正应该关注的。用来衡量上市公司未来估值的主要指标有：ROE、净利润、净利润与现金流持续同步增长等。

上市公司的盈利能力和成长性，是持续创造净利润以及产生与净利润相匹配的现金流，实现净利润与现金流的同步持续增长，只有这样，市场资金才愿意给出更高的公允价值，不断地推高上市公司的市值。

关于估值拐点和价值投资介入的时机，应该选择净利润增长拐点与市值增长拐点出现同步时，开始关注。

（1）如果上市公司的净利润不断增长、PB/PE 开始升高、市值也开始上升，说明上市公司的业绩出现了拐点，并且获得了市场的认可，市场愿意给出的公允价格也在同步升高，这就是价值投资最佳的介入时机。

（2）如果上市公司的净利润不断增长，市值却不断下降，PB/PE 逐渐降低，股价出现"打折"的现象，公司业绩出现了向上的拐点，而市场给出的公允价格却出现向下的拐点，市场资金这样选择，就一定有合理的原因，说明目前不是介入的时机。我们一定要尊重并顺应市场的选择。

第五节　基本面分析的其他指标

1. 上市公司资金的流动性

（1）流动资产 – 流动负债为正值。

说明企业资金的流动性好。

（2）流动比率 = 流动资产 / 流动负债 × 100%。

流动比率 >2。

（3）速动比率 = 速动资产 / 流动负债 × 100%。

速动比率 >1，警戒值为 30%。

衡量企业偿还债务能力的强弱，应该几个指标结合起来看，一般来说：流动比率 >2，速动比率 >1，说明资金流动性好，偿债能力强。

2. 非流动资产 – 长期资本（所有者权益 + 非流动负债）

如果长期资本小于非流动资产，企业需要动用流动负债来提供流动性，导致企业资金紧张。

3. 应收账款周转率

应收账款周转率是反映公司应收账款周转速度的比率，该指标说明在一定期间内公司应收账款转为现金的平均次数。

应收账款周转率越高越好，表明公司收账速度快，平均收账期短，坏账损失少，资产流动快，偿债能力强。如果应收账款周转率较低，则说明债务人拖欠时间长，资信度低，增加了发生坏账损失的风险，使资产形成了呆账甚至坏账，造成了流动资产不流动，这对公司正常的生产经营是很不利的。

4. 存货周转率

存货周转率不仅可以用来衡量企业生产经营各环节中存货的运营效率，而且还被用来评价企业的经营业绩。存货周转率越高，表明企业存货资产变现能力越强，存货及占用在存货上的资金周转速度越快。提高存货周转率可以提高企业的变现能力。

5. 预收账款（合同负债）

即市场预先付款，企业再进行生产销售，多见于产品供不应求的企业。预收款越多，就越能反映产品的市场认可度和稀缺程度。

第六节　基本面选股的注意事项

关于基本面选股指标的分析和应用，应该注意以下一些事项：

（1）分析财务指标，应该在同行业之间进行对比。

（2）分析财务指标，应该重视指标的连续性，连续观察三年以上。

（3）分析财务指标，应该重视一个"变"字。

基本面的变化或者说拐点，本身就是一个大的题材。价值投资，最直接的就是两个字——涨价！几乎所有白马龙头，都是涨价驱动的，简单而粗暴。

可以用本年度的季报业绩来预测全年的业绩，如果本年度第一季度或第二季度的主营业务收入和净利润就已经超过了去年全年的指标，那么本年度的业绩一般不会差。因此，从季报提前寻找年度业绩拐点，具有一定的参考价值和超前性。

如图5-11所示，新安股份（600596）2020年年度净利润为5.85亿，2021年第一季度的净利润达到2.78亿，第二季度的净利润达到8.42亿，已经远远超过了2020年全年的净利润。在行业和公司不出现重大问题的前提下，2021年全年业绩大幅超越2020年是不成问题的，因此，不必等到2021年年报出来才开始进行投资，股价在二级市场进入上升通道之后，就可以提前进场参与了。

（4）基本面选股，应该选择那些主营业务明确、主营产品单一的上市公司。诸如贵州茅台，单一经营高档白酒业务，片仔癀、东阿阿胶等。

按报告期	按年度	按单季度			
科目\年度	2021-06-30	2021-03-31	2020-12-31	2020-09-30	2020-06-30
成长能力指标					
净利润(元)	8.42亿	2.78亿	5.85亿	1.53亿	8240.04万
净利润同比增长率	922.25%	1323.37%	26.85%	-62.48%	-68.03%
扣非净利润(元)	8.25亿	2.79亿	4.01亿	1.20亿	3689.35万
扣非净利润同比增长率	2136.12%	5344.68%	32.91%	-68.11%	-84.32%
营业总收入(元)	84.65亿	37.76亿	125.16亿	86.28亿	62.99亿
营业总收入同比增长率	34.39%	34.04%	4.25%	-0.17%	-0.07%

图 5-11　新安股份（600596）二季报净利润超过去年全年

（5）基本面选股，尤其要寻找具有产品定价权的上市公司。

（6）我们参考的上市公司财务报表，应该以年报为主，年报是要强制通过审计的，因此水分最少。

（7）根据《股票上市规则》，上市公司年度净利润与上一年相比增长或下降 50% 以上的，在来年的 1 月 31 日之前应及时披露业绩预告。在此期间，要规避那些可能存在净利润预亏 50% 以上、业绩暴雷的上市公司，尤其是在宏观经济环境不好的年份。

（8）一般来说，选公司要选择最低程度依赖人为主观因素获利的企业，比如，一家成熟的上市公司，即便是公司高管易人，公司还是可以照样正常运行，盈利能力不会受到任何影响，这便是好公司。

再如服务行业，主要靠服务收益，而培养服务从业人员的周期太长，且服务人员流动性太强，这类公司受到主观因素影响较大，公司获利能力势必受限。

另外，还可以选择垄断、稀缺资源或者简单资本可以复制的公司。前者像稀有金属矿业，后者如"高速公路模式"，一旦建成，便可坐地收益。

（9）公司业绩有时还会受到周期性和政策性的影响，比如，社会经济高速发展，银行业务必然活跃；股市开始活跃，券商势必受益。随着内地证券政策的改制，个股大小非解禁的压力，也应该考虑在内。

（10）需要说明的是，选股票就是选上市公司，基本面是个股行情的根本。基本面选股与市场龙头股之间的逻辑关系是：业绩好的个股可能会成为龙头股，但不是必然成为龙头股。龙头股是走势最强的个股，但不一定是业绩最好的那一个。

在二级市场上，资金不仅认可业绩优良的公司，同样认可基本面发生拐点的公司。基本面出现拐点，本身就是一个大的题材。

业绩持续优良的公司，经营比较稳定，股价却可能平平无奇，归根结底是因为其缺少变化，从而影响题材的想象空间。相反，一家亏损的公司，开始扭亏为盈，可能对市场资金更具有吸引力。

因此，对于基本面的选择，我本人更加看重业绩转折点或者说拐点，比如持续稳定盈利之后业绩又突然大幅提升或者公司扭亏转盈，出现业绩拐点。

第七节　建立基本面选股模型

通过对上市公司财务报表的学习和应用，接下来，我们就可以建立属于自己的基本面选股模型了。模型的选择因个人投资风格而异，这里列举几个我自己常用的选股模型，供大家参考。

一、成熟型上市公司的选股模型

盈利能力强、业绩稳定的上市公司，设定主要的选股指标组合：

（1）毛利率 >50%。

（2）净利润增长率 >20%。

（3）净资产收益率 >10%，大于 15% 更好。

（4）主营收入增长率 >10%。

（5）每股收益 >0.5，现金流大于或等于每股收益。

（6）净利润绝对值 >5000 万。

盈利能力强的公司，其特点是毛利率、每股收益都特别高，缺点是这类公司一般已经很成熟了，成长性相对差一点。

使用问财软件，下载更新数据，输入需要搜索的财报年度，将选股条件依次输入，系统就会自动选出符合条件的公司并按顺序排列。如图 5-12、5-13 所示。

图 5-12　2019 年成熟型公司选股模型

序号		股票代码	股票简称	营业收入同比增长率(%) 2019.12.31	净利润-扣除非经常损益(同比增长率)(%) 2019.12.31	销售毛利率(%) 2019.12.31	加权净资产收益率(%) 2019.12.31	扣除非经常性损益后的净利润(元) 2019.12.31
1		000858	五粮液	25.20	29.91	74.46	25.26	174.06亿
2		600276	恒瑞医药	33.70	30.94	87.49	24.02	49.79亿
3		300760	迈瑞医疗	20.38	25.04	65.24	27.91	46.15亿
4		000568	泸州老窖	21.15	32.09	80.62	25.50	46.01亿
5		600350	山东高速	52.51	31.76	53.03	10.73	25.45亿
6		603160	汇顶科技	73.95	225.78	60.40	43.93	21.89亿
7		002458	益生股份	143.26	498.29	65.37	83.18	21.75亿
8		002555	三七互娱	73.30	339.90	86.57	32.66	20.89亿
9		600809	山西汾酒	25.92	30.47	71.92	27.42	19.09亿
10		000661	长春高新	37.19	77.40	85.19	28.54	17.76亿
11		002234	民和股份	80.23	339.16	59.68	83.61	16.08亿
12		600167	联美控股	11.83	35.82	54.62	23.67	15.38亿
13		603369	今世缘	30.35	29.56	72.79	21.93	14.39亿
14		600020	中原高速	10.56	74.33	55.23	12.94	14.06亿
15		603087	甘李药业	21.26	21.17	91.78	23.88	11.05亿
16		300628	亿联网络	37.13	46.38	66.00	31.47	10.95亿
17		000048	京基智农	43.11	125.34	52.43	70.35	9.87亿

图 5-13　2019 年成熟型公司部分选股结果

二、成长型上市公司的选股模型

设定主要的选股指标组合：

（1）净利润增长率持续 >50%。

（2）净资产收益率持续 >10%。

（3）主营收入增长率 >20%。

（4）净利润绝对值 >5000 万。

（5）毛利率 >20%。

（6）现金流大于或等于每股收益。

成长型的上市公司，其特点是净利润增长特别快，净资产收益率相对较高，尤其是净利润增长率和净资产收益率持续增长。缺点是其尚处于成长初期，盈利能力尚未成熟，一般毛利率、每股收益等指标相对不高。

使用问财软件，下载更新数据，输入需要搜索的财报年度，将选股条件依次输入，系统就会自动选出符合条件的公司并按顺序排列。如图 5-14、5-15 所示。

图 5-14　2019 年成长型公司选股模型

序号	股票代码	股票简称	现价(元)	涨跌幅(%)	营业收入同比增长率(%) 2019.12.31	净利润-扣除非经常损益(同比增长率)(%) 2019.12.31	销售毛利率(%) 2019.12.31	加权净资产收益率(%) 2019.12.31	扣除非经常性 2019
1	688083	中望软件	206.70	-2.09	41.58	83.20	97.79	34.52	
2	688095	福昕软件	97.30	0.26	31.35	82.10	94.82	24.96	
3	688505	复旦张江	10.09	0.50	38.75	152.64	24.16		
4	300896	爱美客	555.00	3.62	73.74	145.71	92.63	44.01	
5	688085	三友医疗	20.24	4.01	59.38	65.50	91.26	25.12	
6	688278	特宝生物	30.26	0.97	62.77	182.11	89.04	12.10	
7	688189	南新制药	19.92	-3.77	44.78	88.81	32.66		
8	002555	三七互娱	22.67	-0.83	73.30	339.90	86.57	32.66	
9	688163	菁科生物	25.10	-0.36	30.32	89.66	86.20	22.40	
10	688050	爱博医疗	212.62	7.66	53.73	582.80	85.69	11.41	
11	000661	长春高新	210.85	10.00	37.19	77.40	85.46	28.54	
12	301207	华三得超	47.96	-0.91	30.68	68.95	84.65	34.93	
13	688356	键凯科技	220.18	4.35	32.64	53.42	84.30	31.51	
14	600211	西藏药业	39.30	-0.88	22.20	99.29	83.55	13.49	
15	603258	电魂网络	21.18	-1.26	55.39	84.61	83.05	12.65	
16	688613	奥精医疗	30.35	1.74	30.28	58.70	82.88	12.88	
17	300630	普利制药	28.85	1.51	52.28	65.57	81.61	29.68	

图 5-15　2019 年成长型公司部分选股结果

三、"自由现金流量"选股

自由现金流贴现估值模型，是巴菲特推崇的。这种模型以上市公司未来能够产生的自由现金流量来进行估值，计算上市公司的内在价值，是公司在余下的寿命中可以产生的现金流的折现值。可以这样说，投资一家上市公司的股票，就是购买公司未来可以产生的自由现金流。

使用问财软件，下载更新数据，输入需要搜索的财报年度，如2019年自由现金流量排行，系统就会自动选出符合条件的公司并按顺序排列。如图5-16所示。

序号		股票代码	股票简称	现价(元)	涨跌幅(%)	企业自由现金流量(元) ⑦ 2019.12.31	企业自由现金流量fc#排名 2019.12.31	企业自由现金流量fc#排名名次 2019.12.31
3	☐	600028	中国石化	4.06	-0.49	1,160.45亿	3/4441	3
4	☐	601088	中国神华	17.77	0.17	997.62亿	4/4441	4
5	☐	000002	万科A	23.11	-0.43	642.57亿	5/4441	5
6	☐	000732	泰禾集团	2.12	-1.85	597.17亿	6/4441	6
7	☐	002024	苏宁易购	5.91	-1.34	429.78亿	7/4441	7
8	☐	601668	中国建筑	4.68	1.08	367.69亿	8/4441	8
9	☐	600029	南方航空	5.86	-2.17	356.09亿	9/4441	9
10	☐	600900	长江电力	18.79	-0.27	326.46亿	10/4441	10
11	☐	601898	中煤能源	7.95	-0.75	256.01亿	11/4441	11
12	☐	600188	兖州煤业	17.10	0.59	248.47亿	12/4441	12
13	☐	600048	保利地产	11.15	-1.24	246.44亿	13/4441	13
14	☐	601111	中国国航	7.23	-1.63	238.31亿	14/4441	14
15	☐	600115	中国东航	4.90	-1.41	235.68亿	15/4441	15
16	☐	600690	海尔智家	26.24	-2.56	210.54亿	16/4441	16
17	☐	601155	新城控股	36.07	-3.38	198.55亿	17/4441	17
18	☐	000651	格力电器	49.02	-1.86	197.65亿	18/4441	18
19	☐	600177	雅戈尔	6.33	-0.63	197.43亿	19/4441	19
20	☐	600519	贵州茅台	1,900.00	-2.06	195.63亿	20/4441	20

图5-16　2019年"自由现金流量"排行的部分结果

四、预收账款（合同负债）选股

发生预收账款的多见于产品供不应求或者产品有定价权的公司，预收款越多，就越能反映产品的市场认可度和稀缺程度，说明产品在市场上供不应求。

使用问财软件，下载更新数据，输入需要搜索的财报年度，如"2019年预收账款排行"。需要特别说明的一点，房地产行业的预收款项普遍很高，这是由行业属性决定的，因此输入的搜索条件应稍做修改：2019年预收账款排行，非房地产行业，系统就会自动选出符合条件的公司并按顺序排列。如图5-17所示。

序号		股票代码	股票简称	现价(元)	涨跌幅(%)	预收款项(元)↓ 2019.12.31	预收款项排名 2019.12.31	预收款项排名名次 2019.12.31	预收款项排名基数 2019.12.31	所属
3		600170	上海建工	2.70	-0.37	561.41亿	15/4441	15	4.441	建筑材料-建筑装饰
4		600339	中油工程	2.70	0.37	288.80亿	19/4441	19	4.441	采掘-采掘服务-油
5		600019	宝钢股份	8.09	0.37	223.72亿	21/4441	21	4.441	黑色金属-钢铁-普钢
6		601989	中国重工	4.06	1.25	175.21亿	25/4441	25	4.441	国防军工-国防军工
7		000333	美的集团	66.96	-1.96	162.32亿	27/4441	27	4.441	家用电器-白色家电
8		601117	中国化学	9.63	0.63	158.47亿	29/4441	29	4.441	建筑材料-建筑装饰
9		600803	新奥股份	18.19	-1.84	145.50亿	32/4441	32	4.441	公用事业-燃气水务
10		600755	厦门国贸	7.76	-1.40	140.33亿	33/4441	33	4.441	商业贸易-贸易-贸易
11		600519	贵州茅台	1,900.00	-2.06	137.40亿	34/4441	34	4.441	食品饮料-饮料制造
12		601611	中国核建	7.08	1.43	135.10亿	35/4441	35	4.441	建筑材料-建筑装饰
13		600502	安徽建工	4.05	2.27	134.08亿	36/4441	36	4.441	建筑材料-建筑装饰
14		600655	豫园股份	10.87	-1.27	130.70亿	38/4441	38	4.441	商业贸易-零售-专业
15		000768	中航西飞	28.12	3.00	130.52亿	39/4441	39	4.441	国防军工-国防军工
16		000858	五粮液	271.21	-3.17	125.31亿	40/4441	40	4.441	食品饮料-饮料制造
17		600177	雅戈尔	6.33	-0.63	123.87亿	42/4441	42	4.441	纺织服装-服装家纺
18		600104	上汽集团	20.70	1.57	118.73亿	43/4441	43	4.441	交运设备-汽车整车
19		600820	隧道股份	5.04	-0.40	107.87亿	46/4441	46	4.441	建筑材料-建筑装饰
20		000800	一汽解放	10.98	1.20	103.17亿	47/4441	47	4.441	交运设备-汽车整车

图5-17　2019年"非地产行业预收账款"排行部分结果

五、"货币资金"选股

货币资金是指上市公司拥有的，以货币形式存在的资产，货币资金高的上市公司都是自身不差钱的"金龟婿"，当被市场错杀时，非常值得投资。但是，一定要同时配合财务费用、利息费用等指标进行核查，防止在货币资金数据上造假。

使用问财软件，下载更新数据，输入需要搜索的财报年度，如2019年货币资金排行，系统就会自动选出符合条件的公司并按顺序排列。如图5-18所示。

图5-18　2019年"货币资金"排行部分结果

上面列举的5种基本面选股模型，都是初选，需要进一步筛选，过滤各项排雷指标。

特别是"自由现金流量""预收账款""货币资金"三种模型，运用单一指标进行选股，初选的公司都应该做进一步的筛选，同时要符合三大"金指标"，并过滤各项排雷指标。

> 时刻留意可能出现的危险信号。市场只有一个方向，不是多头，也不是空头，而是做对的方向。
>
> ——杰西·利弗莫尔

第六章　基本面分析的排雷技巧

第一节 主营业务收入与销售商品、提供劳务收到的现金

销售商品、提供劳务收到的现金是按收付实现制确定的，反映当期因销售商品提供劳务实际收到的现金，包括收回以前各期的应收账款（前期的营业收入）、当期销售已收回的现金、预收的货款（后期的营业收入）三部分。

销售商品、提供劳务收到的现金应该大于主营业务收入，不应该小于主营业务收入。

以海天味业（603288）为例，从 2015—2018 年销售商品、提供劳务收到的现金分别为 123 亿元、152 亿元、179 亿元、205 亿元，同期对应的主营业务收入分别为 112 亿元、124 亿元、145 亿元、170 亿元，如图 6-1、6-2 所示。可以看出：

（1）这两个指标每年递增，说明公司的主营业务收入良好。

（2）这两个指标相互匹配，表明主营业务收入能够以现金的形式得以实现。

（3）销售商品、提供劳务收到的现金略大于主营业务收入。

科目/年度	2018	2017	2016	2015
一、经营活动产生的现金流量（元）				
销售商品、提供劳务收到的现金（元）	205.17 亿	179.53 亿	152.61 亿	123.19 亿
收到的税费与返还（元）	741.76 万	191.00 万	362.93 万	270.77 万
收到其他与经营活动有关的现金（元）	8333.24 万	1148.76 万	372.52 万	789.53 万
经营活动现金流入小计（元）	207.25 亿	180.22 亿	152.82 亿	123.48 亿

图 6-1 海天味业（603288）销售商品、提供劳务收到的现金

科目／年度	2018	2017	2016	2015
成长能力指标				
净利润（元）	43.65 亿	35.31 亿	28.43 亿	25.10 亿
净利润同比增长率	23.60%	24.21%	13.29%	20.06%
扣非净利润（元）	41.24 亿	33.84 亿	27.68 亿	24.39 亿
扣非净利润同比增长率	21.88%	22.24%	13.47%	21.49%
营业总收入（元）	170.34 亿	145.84 亿	124.59 亿	112.94 亿
经营总收入同比增长率	16.80%	17.06%	10.31%	15.05%

图 6-2　海天味业（603288）主营业务收入

我们再来看一下 2016 年乐视网（300104）未暴雷之前的年报情况，如图 6-3、6-4 所示，存在两个问题：

（1）主营业务收入 219.87 亿元，销售商品、提供劳务收到的现金 146.34 亿元，这两个指标不相匹配。

（2）销售商品、提供劳务收到的现金要明显小于主营业务收入。

说明公司本年度无法以现金的形式来实现全部的主营业务收入，存在回收账款困难、应收账款增加或者报表虚增营业收入等可能性。

科目／年度	2018	2017	2016	2015
成长能力指标				
净利润（元）	−40.96 亿	−138.78 亿	5.55 亿	5.73 亿
净利润同比增长率	70.49%	−2601.63%	−3.19%	57.41%
扣非净利润（元）	−41.07 亿	−137.33 亿	5.45 亿	5.55 亿
扣非净利润同比增长率	70.10%	−2621.89%	−1.87%	60.83%
营业总收入（元）	15.81 亿	70.96 亿	219.87 亿	130.17 亿
经营总收入同比增长率	−77.72%	−67.73%	68.91%	90.89%

图 6-3　2016 年乐视网（300104）主营业务收入

科目／年度	2018	2017	2016	2015
一、经营活动产生的现金流量（元）				
销售商品、提供劳务收到的现金（元）	15.83 亿	54.53 亿	146.34 亿	100.45 亿
收到的税费与返还（元）	1.19 亿	2040.46 万	3028.88 万	112.75 万
收到其他与经营活动有关的现金（元）	5.20 亿	11.62 亿	6.83 亿	1.13 亿
经营活动现金流入小计（元）	22.45 亿	66.86 亿	157.77 亿	101.59 亿

图 6-4　2016 年乐视网（300104）销售商品、提供劳务收到的现金

第二节　净利润与经营性现金流量净额

净利润是账面上的，只有当经营性现金流量净额与净利润相匹配时，才能够保障净利润是以现金的形式实现。当经营性现金流量净额与净利润不相匹配时，净利润就无法以现金的形式实现，上市公司获得的净利润就要大打折扣，部分净利润就要以应收账款的形式存在，导致上市公司在生产过程中流动资金短缺，增加负债等等。

如图 6-5、6-6 所示，广汽集团（601238）2017 年度的净利润是 107.86 亿元，同期对应的经营性现金流量净额为 162.13 亿元，表明 2017 年公司的净利润可以全部以现金的形式实现。

2018 年度的净利润是 109.03 亿元，同期对应的经营性现金流量净额为 -12.68 亿元，表明 2018 年公司的净利润无法以现金的形式实现，那么，本年度 109.03 亿元的净利润就要大打折扣。

科目 / 年度	2018	2017	2016
成长能力指标			
净利润（元）	109.03 亿	107.86 亿	62.88 亿
净利润同比增长率	1.08%	71.53%	48.57%
扣非净利润（元）	98.03 亿	102.89 亿	61.04 亿
扣非净利润同比增长率	-4.72%	68.57%	53.76%
营业总收入（元）	723.80 亿	715.68 亿	494.18 亿

图 6-5　广汽集团（601238）净利润

科目 / 年度	2018	2017	2016
购买商品、接受劳务支付的现金（元）	672.35 亿	584.07 亿	429.28 亿
支付给职工以及为职工支付的现金（元）	59.80 亿	44.65 亿	33.35 亿
支付的各项税费（元）	60.62 亿	69.51 亿	42.53 亿
支付其他与经营活动有关的现金（元）	91.61 亿	59.82 亿	41.42 亿
经营活动现金流出小计（元）	886.22 亿	778.62 亿	546.57 亿
经营活动产生的现金流量净额（元）	-12.68 亿	162.13 亿	54.98 亿

图 6-6　广汽集团（601238）经营性现金流量净额

需要说明的是，对于处在高速发展期的上市公司来说，有时候为了追求更快的发展速度，企业可能会暂时牺牲现金流指标，出现短暂的净利润与经营性现金流量净额不相匹配。但是，这种现象不会一直存在，按照我对价值投资的要求标准，这种不匹配不能连续超过两年。

第三节　商誉和无形资产

无形资产是指上市公司拥有或者控制的没有实物形态的可辨认非货币性资产，通常是指上市公司在同等条件下，能获得高于正常投资报酬率所形成的价值。

商誉属于不可辨认资产，因此不属于无形资产，只能算作"无形项目"。在旧会计准则中，商誉是归入无形资产的。但是，商誉仍然满足资产确认条件，应当确认为上市公司一项资产，并在资产负债表中单独列示。

上市公司高价收购资产时，支付的价格与标的净资产价值之间的溢价就产生了商誉，因此，无收购，不商誉。上市公司以10亿收购公允价值为1亿的公司，产生的溢价为9亿，被记在账上，成为商誉。收购用的是上市公司的钱，溢价的9亿被收购方收到现金后，去向可能就不为人知了。

商誉本质上是个巨大的负债，已经一次性付清，以后要逐年以利润摊销，对商誉计提减值，一直要延续到商誉减值为零，这个账才会平。如果收购的企业，没有能力产生利润，那么商誉最终将是一笔烂账。

上市公司财务造假主要在资产类方面，因为负债类有第三方验证，但是资产类就不一样了，上市公司在很大程度上可以进行操作，财报造假主要通过资产造假来实现的。商誉不可避免地沦为上市公司利润调节的手段，有些上市公司的商誉甚至超过了净资产。如长城动漫（000835），2018 年年报显示公司商誉为 2.71 亿元，而同期公司的净资产却只有 1990.76 万元。如图 6-7 所示。

其中：在建工程（元）	2018	2017	2016
工程物资（元）	—	—	—
无形资产（元）	2.58 亿	2.75 亿	2.01 亿
商誉（元）	2.71 亿	5.99 亿	5.89 亿
未分配利润（元）	2018	2017	2016
归属于母公司所有者权益合计（元）	2034.49 万	4.83 亿	3.55 亿
少数股东权益（元）	−43.73 万	−40.68 万	−37.43 万
所有者权益（或股东权益）合计（元）	1990.76 万	4.82 亿	3.54 亿

图 6-7　2018 年长城动漫（000835）的商誉远超过净资产

商誉减值会导致利润表减少当期利润，由于商誉减值不属于非经常性损益，因此也影响了当期的扣非净利润。资产负债表方面则会减少净资产、总资产等。

商誉占净资产的比重不要超过 30%，最好没有商誉。一家上市公司一直靠着收购其他公司进行经营和发展，前景未必就好。很多重组的公司，看上去有利润，如果把商誉一摊销，就变成亏损了。

第四节　应收款项

应收款项泛指上市公司拥有的将来获取现款、商品或劳动的权利。它是公司在日常生产经营过程中发生的各种债权，是公司由于采用了赊销方式销售商品或提供劳务而享有的向顾客收取款项的权利，包括：应收账款、应收票据、预付款项、应收股利、应收利息、应收补贴款、其他应收款等。

金融资产（元）	2018	2017	2016
应收票据及应收账款（元）	6.47 亿	2.35 亿	2.79 亿
其中：应收票据（元）	1.12 亿	3035.04 万	3667.02 万
应收账款（元）	5.35 亿	2.04 亿	2.43 亿
预付款项（元）	1561.83 万	3795.88 万	3313.71 万

图 6-8　应收款项主要包括应收账款和应收票据

应收票据是公司因销售商品或提供劳务而收到的不能立即兑付票据，票据包括支票、银行本票和商业汇票。与应收账款相比，应收票据是一种载有一定付款日期、付款地点、付款金额和付款人的无条件支付的流通证券，由于应收票据通常都在 6 个月以内，上市公司一般不计提坏账准备。

应收账款是指上市公司在正常的经营过程中因销售商品、提供劳务等业务，应向购买单位收取的款项，应收账款是伴随公司的销售行为发生而形成的一项债权。应收账款一般在一年之内收回，长期应收账款存在变成坏账的可能。如图 6-9 所示。

一家上市公司应收账款高企，主要有几个原因：

（1）行业竞争激烈，该行业的应收账款普遍很高。

（2）公司缺乏竞争优势，使公司在销售过程中不得不对下游买方加大赊售力度，增加公司的应收账款。

（3）有的公司存在虚构收入，当应收账款/主营业务收入>30%时，需要注意，是否存在公司故意做假，制造高速增长的可能。

对于应收账款占比较大、数额较大或者突然比前期大幅增加时，应该认真分析原因，并且了解该公司对长期应收账款的处理规定。

应收账款高企，对上市公司的正常生产经营所产生的影响有：

（1）降低公司的资金使用效率，使部分的流动资金沉淀于非生产环节，致使公司流动资金短缺。

（2）应收账款大量、长期存在，存在坏账的可能。

11. 应收款项

(1). 单项金额重大并单独计提坏账准备的应收款项

√适用 □不适用

单项金额重大的判断依据或金额标准	金额在 100 万元以上（含 100 万元），且属于特定对象的应收款项。
单项金额重大并单项计提坏账准备的计提方法	单独进行减值测试，按预计未来现金流量现值低于其账面价值的差额计提坏账准备，计入当期损益。单独测试未发生减值的应收款项，将其归入关联方组合或账龄组合计提坏账。

(2). 按信用风险特征组合计提坏账准备的应收款项

√适用 □不适用

按信用风险特征组合计提坏账准备的计提方法（账龄分析法、余额百分比法、其他方法）	
关联方组合	按个别认定法
账龄组合	按账龄分析法

组合中，采用账龄分析法计提坏账准备的
√适用 □不适用

账龄	应收账款计提比例(%)	其他应收款计提比例(%)
1 年以内（含 1 年）	3	3
其中：1 年以内分项，可添加行		
1—2 年	10	10
2—3 年	20	20
3 年以上	50	50
3—4 年	50	50
4—5 年	50	50
5 年以上	100	100

组合中，采用余额百分比法计提坏账准备的
□适用 √不适用

图 6-9 上市公司对坏账的计提规定

（3）利润并未真正使公司现金流入增加，反而使公司不得不运用有限的流动资金来垫付各种税金和费用。

如图 6-10、6-11 所示，神雾环保（300156）2017 年的主营业务收入是 28.09 亿元，同期的应收账款为 20.38 亿元，应收账款占主营业务收入的 72.5%。2018 年的主营业务收入是 5125.3 万元，同期的应收账款为 13.82 亿元，应收账款是主营业务收入的 27 倍。

科目／年度	2018	2017	2016	2015
成长能力指标				
净利润（元）	−14.94亿	3.61亿	7.06亿	1.81亿
净利润同比增长率	−513.75%	−48.84%	289.47%	95.53%
扣非净利润（元）	−14.07亿	3.49亿	6.16亿	7129.67万
扣非净利润同比增长率	−503.08%	−43.39%	764.69%	467.71%
营业总收入（元）	5125.30万	28.09亿	31.25亿	12.15亿

图6-10　神雾环保（300156）的主营业务收入

科目／年度	2018	2017	2016	2015
流动资产（元）				
货币资金（元）	1039.24万	5.55亿	19.60亿	4.86亿
应收票据及应收账款	13.82亿	20.42亿	10.67亿	6.45亿
其中：应收票据（元）	20.00万	403.00万	1031.24万	978.84万
应收账款（元）	13.82亿	20.38亿	10.57亿	6.35亿

图6-11　神雾环保（300156）的应收账款

第五节　净利润与扣非净利润

　　净利润与扣非净利润差距较大的，应该慎重对待。扣非净利润是归属于上市公司股东的扣除非经常性损益的净利润，是通过正常经营产生的途径来获得的，扣非后的净利润更能够真实地反映公司的生产经营情况。

　　神火股份（000933）在2016年的净利润为3.42亿元，同期的扣非净利润为3.58亿元，二者相匹配，以扣非净利润为准。公司2018年的净利润为2.39亿元，虽然报表上净利润不低，但是同期的扣非净利润为−22.79亿元，二者大相径庭。如图6-12所示。这种净利润与扣非净利润差距较大的上市公司，在进行筛选价值投资标的时，一定要慎重对待。

科目 / 年度	2018	2017	2016
成长能力指标			
净利润（元）	2.39 亿	3.68 亿	3.42 亿
净利润同比增长率	−35.11%	7.58%	120.46%
扣非净利润（元）	−22.79 亿	4.95 亿	3.58 亿
扣非净利润同比增长率	−560.32%	38.35%	120.55%

图 6-12　神火股份（000933）的净利润与扣非净利润

第六节　经营管理和销售环节存在的风险

一、公司的管理费用

通过连续跟踪公司的管理费用，可以从侧面反映出企业内部的运作效率，尤其要关注上市公司的管理费用是否出现大幅增加的情况。下面从两个方面进行分析比较：

（1）上市公司的经营规模、经营范围与同期相比，没有出现大幅变化。

在这种情况下，公司的管理费用同比大幅增加，而主营业务收入却没有明显提高，说明公司的管理和运营可能存在问题，管理费用的大幅增加是不合理的，可能存在公司管理效率下降、管理支出增加等问题。如图 6-13 所示。

（2）上市公司与同期相比，出现了经营规模大幅扩张、经营范围明显扩大。

在这种情况下，需要对管理费用与主营业务收入进行比较才能够看得出来。如果管理费用与主营业务收入比例没有明显变化，那么管理费用同比增加可能是由于公司规模扩大导致的，管理费用的增加存

变动科目	本期数值	上期数值	变动幅度	变动原因
经营活动现金流入小计(元)	89.12亿	127.50亿	↓ 30.1%	公司大宗交易业务减少
经营活动现金流出小计(元)	77.78亿	122.00亿	↓ 36.24%	公司大宗交易业务减少及停产采购款支付减少
筹资活动现金流出小计(元)	26.51亿	21.16亿	↑ 25.29%	公司到期偿还债务及购买子公司小股东股权
筹资活动现金流入小计(元)	15.07亿	22.56亿	↓ 33.21%	公司停产银行用信受限
经营活动产生的现金流量净额(元)	11.33亿	5.50亿	↑ 105.95%	公司税费返还增加及停产采购款支付减少
管理费用(元)	8.21亿	2.59亿	↑ 217.02%	公司环保产及环境整治费用增加
投资活动现金流出小计(元)	7.29亿	13.41亿	↓ 45.62%	公司停产固定资产无形资产投入减少、对外投资支付减少、定存承兑保证金减少
研发费用(元)	7460.79万	1.00亿	↓ 25.66%	公司研发投入减少

图6-13 辉丰股份（002496）管理费用增加，研发费用减少

变动科目	本期数值	上期数值	变动幅度	变动原因
短期借款(元)	16.00亿	4.89亿	↑ 226.88%	业务量增加较多
筹资活动产生的现金流量净额(元)	11.63亿	9.71亿	↑ 19.79%	业务量以及投资活动增加较多
存货(元)	9.19亿	5.48亿	↑ 67.63%	业务量增加较多，备货量相应提高
其他非流动资产(元)	8.64亿	297.42万	↑ 28958.94%	股权转让投资款
管理费用(元)	4.45亿	1.35亿	↑ 230.55%	随销售规模扩大增长、公司股权激励计划费用摊销
货币资金(元)	4.41亿	7.89亿	↓ 44.11%	业务量以及投资活动增加较多
应付票据及应付账款(元)	3.80亿	2.88亿	↑ 32.19%	采购量增加
研发费用(元)	1.27亿	8498.61万	↑ 49.84%	研发投入增加

图6-14 韦尔股份（603501）因公司规模扩大导致管理费用增加

在一定的合理性。如图6-14所示。

二、销售费用和主营业务收入不匹配

有一些上市公司在产品销售环节中发生的费用较高，甚至销售费用/主营业务收入超过了50%，这种现象的存在说明：

（1）公司产品在市场中并非占有主流地位优势，需要在销售环节花费大量的成本助力。

（2）过高的销售费用压缩了公司的净利润空间。

比如医药行业，药物的销售在很大程度上依赖市场推广、销售渠道的构建，包括与医院等建立良好关系。2018年年报显示，灵康药业（603669）的营业收入为16.69亿元，同期的销售费用高达12.15亿元，

销售费用/主营业务收入=72.5%。另外，2018年公司的主营业务收入比2017年增加约66%，而销售费用同期大幅增加约125%，费用增加的原因是整合销售渠道、产品学术推广及销售终端开发。这种重销售渠道开发、轻产品升级研发的公司，并不是值得进行长期价值投资的优良标的。如图6-15所示。

变动科目	本期数值	上期数值	变动幅度	变动原因
销售商品、提供劳务收到的现金(元)	19.57亿	9.80亿	↑ 99.63%	公司营业收入增长,相应销售回款增加
营业收入(元)	16.69亿 ←	10.05亿	↑ 66.10%	一方面得益于新版全国医保目录的实施和各省市招标的不断推进,公司的销量得到了提升;另一方面是国家为减少流通环节,全力推进两票制政策实施,公司加强自主学术推广及销售终端开发力度,加大产品推广力度
支付其他与经营活动有关的现金(元)	13.90亿	4.62亿	↑ 201.18%	公司加强自主学术推广及销售终端开发力度,市场推广费用增长幅度较大
销售费用(元)	12.15亿 ←	5.39亿	↑ 125.48%	随着国家两票制政策实施,公司优化市场布局,整合营销渠道,加强对重点产品的学术推广及销售终端开发力度
货币资金(元)	7.11亿	3.13亿	↑ 127.43%	本期取得银行借款
股本(元)	3.64亿	2.60亿	↑ 40.00%	本期资本公积转增股本
其他流动资产(元)	3.45亿	5.15亿	↓ 33.08%	期末未到期理财产品同比减少。
筹资活动产生的现金流量净额(元)	2.85亿	-3123.11万	↑ 1012.07%	本期取得银行借款

图6-15 灵康药业（603669）的销售费用占比过高

2018年度新华都（002264）的销售费用为11.62亿元，虽然与上一年的销售费用相比没有增加，但是公司同年产生的净利润只有1711万元，实在无法说服本人对这样一家上市公司进行长期的价值投资。如图6-16所示。

变动科目	本期数值	上期数值	变动幅度	变动原因
资本公积(元)	11.75亿	11.44亿	↑ 2.79%	增加限制性股票
销售费用(元)	11.62亿 ←	11.53亿	↑ 0.77%	营销推广费用增加
股本(元)	6.92亿	6.85亿	↑ 1.09%	增加限制性股票
货币资金(元)	5.15亿	4.10亿	↑ 25.60%	贷款增加
应收账款(元)	3.64亿	1.67亿	↑ 117.76%	因电商业务同比销售大幅增长,应收账款增加
短期借款(元)	3.50亿	1.50亿	↑ 133.33%	贷款增加
管理费用(元)	2.94亿	3.02亿	↓ 2.78%	去年关店一次性冲销剩余的长摊费用
筹资活动产生的现金流量净额(元)	2.26亿	-4775.76万	↑ 573.93%	短期借款增加。

图6-16 新华都（002264）销售费用高，产生利润少

第七节　负债率

负债率主要是用来衡量上市公司利用债权人提供资金，进行经营活动的能力，理论上负债率临界点为 50%。如果上市公司的资产负债率明显低于 50%，表示上市公司的财务风险相对较小、公司利用外部资金就少、上市公司发展相对就慢。如果上市公司资产负债率接近或高于 50%，表示上市公司的财务风险相对较大、公司利用外部资金多、上市公司发展相对就快。如果上市公司资产负债率达到 100% 或者大于 100% 时，表示该公司出现资不抵债的情况。

巴菲特喜欢那些低负债率经营的公司，甚至是没有负债的，对上市公司来讲，低负债经营是比较舒服的。

成长型公司或者景气周期内的公司在成长发展的过程中，需要借助一定程度的负债进行快速发展和扩张，合理范围之内的负债率，对上市公司的成长是有好处的，但是过高的负债，会给公司带来负担和压力，毕竟负债不是公司的自有资产，负债和利息最终是需要偿还的。

另外，不同行业之间的负债率差别很明显，比如银行、地产的负债率整体水平很高，因此，需要同行业之间进行比较。

第八节　投资收益和联营企业风险

一、投资收益

通过投资收益在一定程度上，可以增加上市公司的利润，但如果企业的主营收入没有增长，主要靠投资来支撑利润，甚至投资业务所占的比重超过了主营业务，就有点"不务正业"的意思了。

投资收益包含的内容很多，有对外投资取得的股权股息收入、债券利息收入以及与其他单位联营所分得的利润等，其中，投资股票、买理财、卖地卖房等是常见的形式。大多数上市公司进行投资收益的目的是为了增加利润和业绩，对于有些上市公司，不成功的投资收益反而会拖累公司的整体业绩。投资收益对于大多数上市公司的主营业务收入而言，属于高风险收益，波动较大。

另外，对于上市公司而言，主营业务收入才是最主要的利润来源，那些偏离主业，把重心转移到投资收益而不务正业的上市公司，一定要注意回避。

二、联营企业风险

联营企业是指投资者对其有重大影响，但不是投资者的子公司或合营企业的企业。当某一公司或个人拥有另一企业 20% 或以上至 50% 表决权资本时，通常被认为投资者对被投资企业具有重大影响，则该被投资的企业视为投资者的联营企业。投资者对联营企业只具有重大影响，对被投资企业的经营和财务只具有参与决策的权利，而不具有控制权。

当联营企业出现巨额亏损时，对上市公司也会造成拖累。西部矿业（601168）的联营企业是青投集团，青投集团存在全额计提减值迹象，在第三方评估机构的协助下对该股权投资的可回收金额进行了评估，西部矿业（601168）2018 年半年报公布的财务数据青投集团有 100 亿的净资产，持有其 20.36% 的股权，约 22 亿净资产，现在却归零了，对外投资损失 22 亿元。如图 6-17 所示。

原因：1.公司根据青海省投资集团有限公司（以下简称"青投集团"）存在的减值迹象，在第三方评估机构的协助下对该股权投资的可回收金额进行了评估。经评估，公司对青投集团股权价值的可回收金额为零，因此确认对青投集团长期股权投资减值损失25.22亿元。　　2.公司已在《西部矿业2018年度业绩预减公告》中对于业绩预告内容的准确性作了充分风险提示。　对重大联营公司亏损应占份额及减值损失的确认对公司的主业盈利能力及经营现金流量不产生影响。若剔除联营企业经营亏损及减值损失对公司业绩的影响，本年度公司经营业绩较上年同期有较大幅度的提升。

图 6-17　西部矿业（601168）受联营企业损失 22 亿元

第九节 预收款项（合同负债）

预收账款是指公司向购货方预收的购货定金或部分货款，待实际出售商品、产品或者提供劳务时再行冲减，一般包括预收的货款、预收购货定金等。

上市公司在收到这笔钱时，商品或劳务的销售合同尚未履行，因此不能作为收入入账，只能确认为一项负债，待按合同规定提供商品或劳务后，再逐期转为已实现收入。

预收账款的期限一般不超过 1 年，通常应作为一项流动负债反映在各期末的资产负债表上。

发生预收账款的多见于产品供不应求的公司，预收款越多，就越能反映产品的市场认可度和稀缺程度，说明产品在市场上供不应求。像主营高端白酒的贵州茅台（600519），预收账款很高且长期稳定。如图 6-18 所示。

应付票据及应付账款（元）	2018	2017	2016	2015
应付账款（元）	11.78 亿	—	10.41 亿	8.81 亿
预收款项（元）	135.77 亿	144.29 亿	175.41 亿	82.62 亿
应付职工薪酬（元）	20.35 亿	19.02 亿	16.29 亿	9.75 亿
应交税费（元）	107.71 亿	77.26 亿	42.72 亿	25.16 亿

图 6-18 贵州茅台（600519）预收账款高

另外，不同行业之间的预收款差别很大，地产公司的预收款往往比较高，因此，预收款高的非地产类公司就显得尤为稀缺。预收款可以作为公司未来业绩的风向标，预收款高的公司只要生产经营正常，预收款最终将转化为利润，因此，可以预测上市公司未来的盈利水平。

下面以涪陵榨菜（002507）为模板，依据 2018 年年报进行基本面分析。

案例解析：

一、基本面的三大金指标（以涪陵榨菜年报为例）

我们在做基本面分析时，最为看重的是以下三个金指标：

（1）净资产收益率。

（2）毛利率。

（3）主营业务收入增长率和净利润增长率。

基本面的三大金指标	2017 年度	2018 年度
净资产收益率	23.76%	30.08%
毛利率	48.22%	55.76%
净利润增长率	69.85%	62.26%
主营业务收入增长率	35.64%	25.92%

图 6-19 涪陵榨菜（002507）年报三大金指标

1. 三大金指标均达到标准，且连续性好

标准仅供参考：净资产收益率 >10%，毛利率 >30%，主营业务收入增长率 >20%，净利润增长率 >50%。

2. 公司主营业务单一

	业务名称	营业收入（元）	收入比例	营业成本（元）	成本比例	利润比例	毛利率
按行业	食品加工	19.12 亿	100.00%	8.46 亿	100.00%	100.00%	55.74%
按产品	榨菜	16.28 亿	85.14%	6.93 亿	100.00%	100.00%	57.44%
	泡菜	1.47 亿	7.69%	—	—	—	—
	其他佐餐开味菜（含海带丝和萝卜产品）	1.34 亿	7.03%	—	—	—	—
	榨菜酱油	270.87 万	0.14%	—	—	—	—

图 6-20 涪陵榨菜（002507）公司主营业务单一

3. 业绩拐点

2015—2016 年，公司的主营业务收入增长率由 2.67% 提高到 20.43%，扣非净利润增长率由 22.28% 提高到 55.17%，扣非净利润增长率达到 50% 以上，出现业绩拐点。

科目 / 年度	2018	2017	2016	2015
成长能力指标				
净利润（元）	6.62 亿	4.14 亿	2.57 亿	1.57 亿
净利润同比增长率	59.78%	61.00%	63.46%	19.23%
扣非净利润（元）	6.38 亿	3.93 亿	2.32 亿	1.49 万
扣非净利润同比增长率	62.26%	69.85%	55.17%	22.28%
营业总收入（元）	19.14 亿	15.20 亿	11.21 亿	9.31 亿
营业总收入同比增长率	25.92%	35.64%	20.43%	2.67%

图 6-21　涪陵榨菜（002507）年报之成长能力指标

4. 同行业公司之间的对比，可自行举例练习。

二、衡量净利润成色的指标（以涪陵榨菜年报为例）

1. 净利润绝对值
6.62 亿元，合格。

2. 扣非净利润与净利润
6.38 亿元与 6.62 亿元匹配，合格。

3. 扣非净利润增长率
62.26%，合格。

4. 经营性现金流净额与扣非净利润相匹配
5.59 亿元与 6.38 亿元大致匹配，合格。

5. 每股收益与每股经营性现金流净额相对应
0.84 元与 0.71 元相对应，合格。

6. 是否以现金形式进行分红？历史分红的金额？
公司长期以现金形式进行分红。

7. 总结
净利润成色很好。

三、现金流量表（以涪陵榨菜年报为例）

1. 经营活动现金流量

5.59 亿元。

2. 自由现金流

加：资产减值准备（元）	288.21 元
固定资产折旧、油气资产折耗、生产性生物资产折旧（元）	5481.06 万
无形资产摊销（元）	294.32 万
长期待摊费用摊销（元）	3.00 万
处置固定资产、无形资产和其他长期资产的损失（元）	−9.58 万
固定资产报废损失（元）	593.60 万

图 6-22　涪陵榨菜（002507）年报之资产性支出

资产性支出：6650.29 万元。

自由现金流：5.59 亿元 −0.665 亿元 =4.925 亿元。

3. 投资活动现金流量

5.45 亿元。

4. 筹资活动现金流量

−1.18 亿元。

5. 分析结论：

现金流健康、充裕。

四、公司估值（以涪陵榨菜年报为例）

1. 目前的公司估值

（1）净资产 24.71 亿元。其中盈余公积（弥补亏损、扩大再生产）1.93 亿元，未分配利润（现金分红、转为新股份）14.67 亿元。

（2）PB 约 7.9 倍。

2. 未来的公司估值

（1）ROE。从 2019 年二季度 ROE 开始下降，三季度继续下降，出现向下的拐点。

（2）净利润成色。从 2019 年二季度，净利润增长率开始下降，三季度继续下降，出现向下的拐点。

（3）净利润与经营性现金流净额是否相匹配，是否持续同步增长？

净利润与经营性现金流净额相匹配。

2019 年二、第三季度，净利润增长率开始下降。

（4）公司基本面拐点是否出现（主要考量三个金指标）。

毛利率小幅增加，但是 ROE 和净利润增长率出现向下的拐点。

（5）市场估值拐点是否出现。

市场估值给出现了向下的拐点。

3. 分析小结

（1）公司 2018 年年末的市场估值过高。

（2）从 2019 年二季度起，基本面出现了向下的拐点，三季度继续下行，没有改善。

（3）市值开始减少，市场估值出现了向下的拐点。

五、基本面排雷（以涪陵榨菜年报为例）

1. 主营业务收入与销售商品、提供劳务收到的现金

19.14 亿元与 21.42 亿元相匹配。

2. 利润与经营性现金流量净额

6.38 亿元与 5.59 亿元大致匹配。

现金流充裕，净利润大部分可以以现金的形式实现。

3. 商誉、商誉 / 净资产

商誉：3891.31 万元，商誉金额小。

商誉 / 净资产：1.57%，远远低于 30%。

不存在商誉计提减值风险。

4. 应收账款、应收账款 / 主营业务收入

应收票据及应收账款（元）	785.94 万
其中：应收票据（元）	—
应收账款（元）	785.94 万
预付款项（元）	592.96 万

图 6-23　涪陵榨菜（002507）年报之应收账款

应收账款很少，坏账风险低。

应收账款 / 主营业务收入 <30%。

5. 货币资金

11.28 亿，比 2017 年度（1.42 亿）大幅增加，公司现金充裕，偿债、生产等不存在资金流动性风险。

研发费用（元）	2019	2018	2017
财务费用（元）	−510.24 万	−343.44 万	−226.49 万
利息收入（元）	550.07 万	280.15 万	302.73 万
资产减值损失（元）	16.16 万	298.83 万	267.85 万
信用减值损失（元）	−46.10 万	—	—
投资收益（元）	3429.04 万	5338.58 万	2410.03 万

图 6-24　涪陵榨菜（002507）年报之财务费用

2017 年、2018 年度的财务费用为负值，侧面反映了货币资金充裕的真实性。

6. 扣非净利润与净利润

6.38 亿元与 6.62 亿元匹配，没有虚报利润风险。

7. 公司生产销售和经营管理中，容易存在的风险

（1）销售费用和主营业务收入是否匹配、销售费用 / 主营业务收入。

（2）公司的管理费用是否合理。

科目 / 年度	2018	2017	2016
一、营业总收入（元）	19.14 亿	15.20 亿	11.21 亿
其中：营业收入（元）	19.14 亿	15.20 亿	11.21 亿
二、营业总成本（元）	12.17 亿	10.81 亿	8.54 亿

（续表）

其中：营业成本（元）	8.47 亿	7.87 亿	6.08 亿
营业税金及附加（元）	3000.99 万	2570.41 万	1911.72 万
销售费用（元）	2.81 亿	2.19 亿	1.78 亿
管理费用（元）	5887.87 万	4800.48 万	5205.96 万

图 6-25　涪陵榨菜（002507）年报之销售费用、管理费用

随着公司主营业务的增长，销售费用及管理费用同步增加，在合理范围之内。销售费用 / 主营业务收入 <50%。

8. 负债率

应收账款周转天数（天）	2018	2017	2016	2015
偿债能力指标				
流动比率	4.52	3.24	3.46	3.72
速动比率	2.85	0.32	0.97	1.41
保守速动比率	2.85	0.32	0.97	1.41
产权比率	0.21	0.29	0.23	0.21
资产负债比率	17.03%	22.40%	18.94%	17.17%

图 6-26　涪陵榨菜（002507）年报之负债率

公司负债率长期低于 50%，生产经营属于低负债运行。

9. 投资收益和联营企业风险

（1）2018 年公司投资收益的现金流为 5.45 亿元，投资收益的增加与公司购买理财产品有关。

变动科目	本期数值	上期数值	变动幅度	变动原因
投资活动现金流入小计（元）	34.04 亿	15.52 亿	↑ 119.27%	报告期公司购买的理财产品到期收回款项同比增加
投资活动现金流出小计（元）	28.59 亿	21.52 亿	↑ 32.83%	报告期公司购买的理财产品同比增加
货币资金（元）	11.28 亿	1.42 亿	↑ 693.49%	报告期末公司购买的理财产品到期收回，增加了银行存款

图 6-27　涪陵榨菜（002507）年报之投资收益

（2）公司没有联营企业，不存在联营企业经营风险。

10. 预收款项

应收账款（元）	2018	2017	2016	2015
预收账款（元）	1.55亿	2.38亿	1.49亿	6322.30万

图 6-28　涪陵榨菜（002507）年报之预收账款

公司预收款项比 2017 年有所减少。

本章小结

（1）公司的业绩拐点出现在 2015—2016 年，基本面买点在 2016 年。

（2）从 2016 年起，公司基本面优良，ROE、净利润、毛利率持续健康的增长，净利润成色很好。现金流充裕，与净利润相匹配。

（3）从 2019 年二季度起，公司基本面出现了向下的拐点，三季度继续下行，截至目前没有改善。

（4）目前公司的市值与净资产、公司未来业绩成长性相比较，估值过高。市值开始减少，估值出现了向下的拐点。

> 利用关键点位预测市场运动的时候，要记住，如果价格在超过或是跌破某个关键点位后，价格的运动不像它应该表现的那样，这就是一个必须密切关注的危险信号。
>
> ——杰西·利弗莫尔

第七章　中长线个股的交易模型

第一节 中长线个股的技术特征

一、中长线个股的日线模型

日线级别四线开花，即中长期均线 M60、M120、M180、M250 多头排列、均线呈发散状态。

四线开花在拉升过程中出现回调，最好不要跌破 M60，不能回调过深，即使有短暂的破位，也应该在短期内迅速修复收回。

中长线个股日线模型的技术要点是突破筹码密集区、不断创新高、日线级别四线开花。如图 7-1、7-2、7-3 所示。

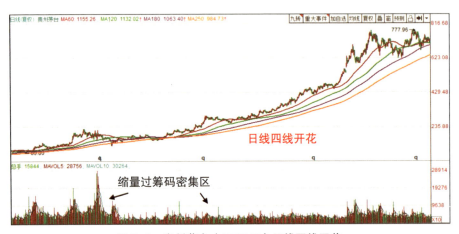

图 7-1 贵州茅台（600519）日线四线开花

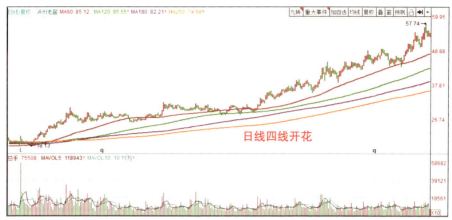

图 7-2　泸州老窖（000568）日线四线开花

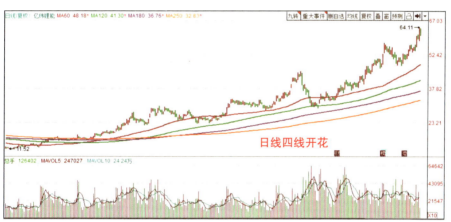

图 7-3　亿纬锂能（300014）日线四线开花

二、中长线个股的周线模型

中长线个股的周线模型是周线级别 M60 拐头向上，不断创新高，如图 7-4、7-5、7-6、7-7 所示，其技术要点有：

（1）任何中长线个股的大级别行情，一定是周线级别进入上升通道，周线 M60 拐头向上。

（2）启动时，周线级别筹码峰高度集中。

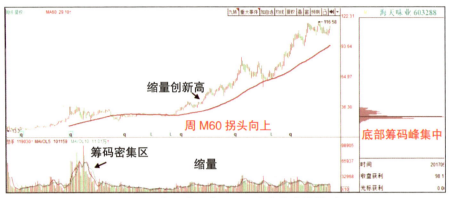

图 7-4　海天味业（603288）长线牛股模型

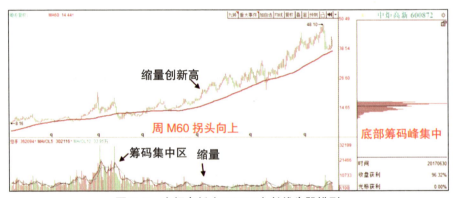

图 7-5　中炬高新（600872）长线牛股模型

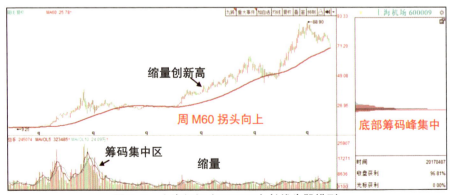

图 7-6　上海机场（600009）长线牛股模型

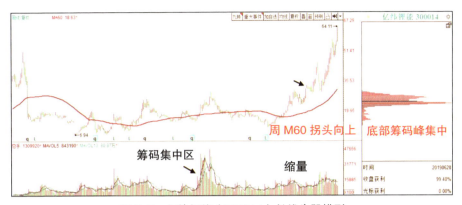

图 7-7　亿纬锂能（300014）长线牛股模型

（3）突破前期的筹码密集区，创筹码密集区新高。在拉升的过程中，底部筹码牢牢锁定，不断缩量创新高。

（4）中长线个股在启动之后的拉升过程中，每次回踩都会受到周M60 的有效支撑。股性更强者，在拉升过程中始终受到周线 M30 的支撑。如图 7-8 所示。

（5）中长线模型的上市公司，一定要有优良的基本面作为保障，符合当下政策题材的风口。

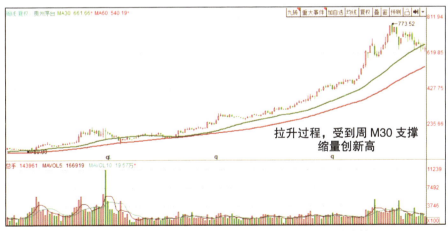

图 7-8　贵州茅台（600519）拉升中受到周 M30 的支撑

第二节　中长线个股的股性

不同的个股就像不同的个人，有着不同的性格和特点，需要我们来摸透。股性，本质上是市场资金对筹码的认可程度、资金和筹码的供求关系。

我们需要分析和研究市场中的强势股，尤其是龙头股的股性来指导我们选股，趋势交易体系主要从起飞（整理）平台、启动方式、回踩确认三个方面进行筛选。

一、起飞（整理）平台判断股性强弱

起飞（整理）平台是个股从启动前到开启主升段之间的筹码整理平台，中长线模型的个股在启动之前，往往会搭建起飞（整理）平台，这个平台的周期长短不一，大多在数日至3个月左右完成，也有更长的起飞平台。我们可以根据起飞平台的运行特点，在个股启动之前来预判股性的强弱。

最典型的是个股在启动之前，起飞（整理）平台回踩支撑的均线越来越短，由受到 M60 支撑转为受到 M30 支撑，直至启动前转为受 M10 支撑，这样的个股启动之后，股性往往会更强，这种现象我称之为起飞（整理）平台升级。

起飞（整理）平台升级的现象也可以应用于大盘指数，指数出现这种现象，往往提示后市即将由整理阶段进入主升行情。

以华宝股份（300741）为例，个股准备开启一轮上涨行情，首先要站稳 M60。在启动前搭建了一个起飞（整理）平台进行筹码的整理和量价关系优化，我们可以看到，个股的股价由最初受到 M60 的支撑，逐渐转为受到 M30 的支撑，直至启动前受到 M10 的支撑，这就是典型的起飞（整理）平台升级。如图 7-9、7-10 所示。

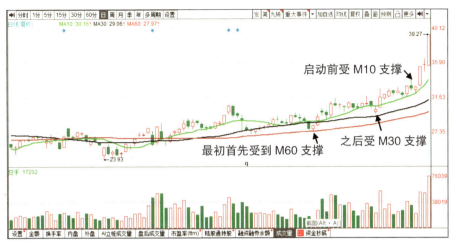

图 7-9　华宝股份（300741）在启动前出现起飞（整理）平台升级

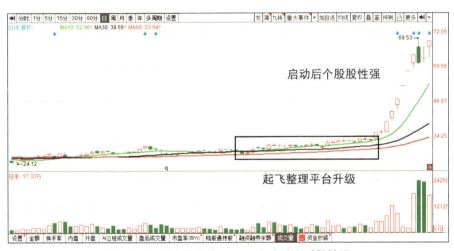

图 7-10　华宝股份（300741）启动之后股性强

　　对于中长线个股模型来说，周线级别的起飞（整理）平台也有升级现象。

　　电魂网络（603258）在启动之前，周线级别搭建起飞（整理）平台，前期起飞（整理）平台受周线 M60、M30 的回踩确认和支撑，后期逐渐转为受周线 M10 的回踩确认和支撑。起飞（整理）平台的升级，说明其股性逐渐转强。如图 7-11 所示。

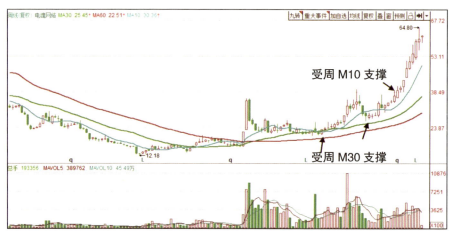

图 7-11　电魂网络（603258）起飞（整理）平台升级

短线模型和中长线模型个股的区别主要在三个方面：

1. 题材爆发的周期

短线股的题材爆发一般都是没有提前征兆的，是突然爆发的，比如科创板概念、雄安新区概念。中长线股的题材爆发一般都是有一定的准备时间，比如产品涨价、业绩增长等，慢慢积累到一定的程度才开始引爆市场。

2. 筹码的整理程度

中长线股在启动之前，筹码一般都会经过充分的整理，主力资金吸筹控筹的迹象明显。短线股在启动之前，筹码一般是没有经过充分的收集和整理，因此，在启动阶段的量能表现有所不同，前者多是持续温和放量，后者多是持续堆量。

3. 是否具有起飞平台

中长线股在进入主升行情之前，一般都会有起飞（整理）平台，或长或短，都会有所体现，就像飞机起飞，需要一个跑道进行助跑，如图 7-12、7-13 所示。短线股则像直升机，没有起飞（整理）平台和助跑过程，启动即直接开启主升行情。如图 7-14 所示。

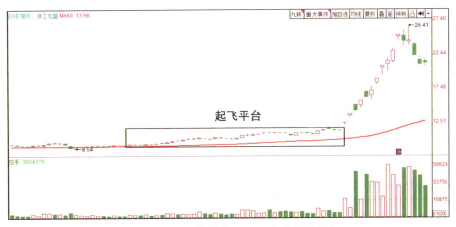

图7-12　浙江龙盛（600352）的起飞平台

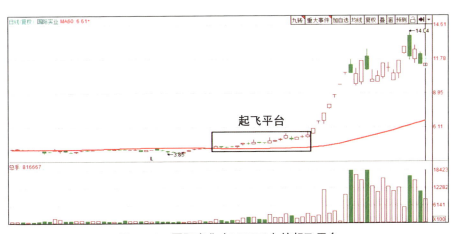

图7-13　国际实业（000159）的起飞平台

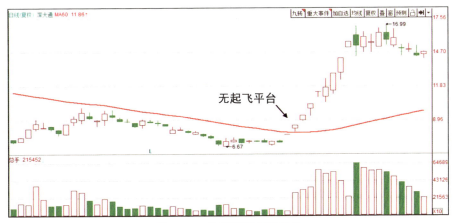

图7-14　短线股无起飞平台

中长线个股和短线个股的股性有所区别，短线股的股性特质是多空分歧转为一致，连续暴力拉升；中长线股的股性特质是多空双方极端一致，涨不停，不断缩量创新高。

二、启动方式判断股性强弱

上涨趋势形成，上升通道开启，发动一轮大级别行情，个股需要在启动的位置对 M60 实现有效突破，之后进一步突破 M120，形成短中长期均线发散状态，这样才能够持续稳定地走出中长期行情。

有效突破 M60 及 M120 最强的方式有两种：

（1）一个交易日涨停同时突破 M60 及 M120。如图 7-15、7-16 所示。

（2）连续两个交易日涨停分别突破 M60 及 M120。如图 7-17 所示。

能够连续轻松突破 M60 及 M120 的个股，前期经过了充分的筹码收集和整理，使得 M60 和 M120 相互靠近，启动时筹码充分锁定，浮筹抛压小，启动之后容易形成稳定的上涨趋势。另外，也反映了主力资金开启上升通道的决心和能力都很强。

不以涨停板形式有效突破 M60 及 M120 的个股，不具备强势股或

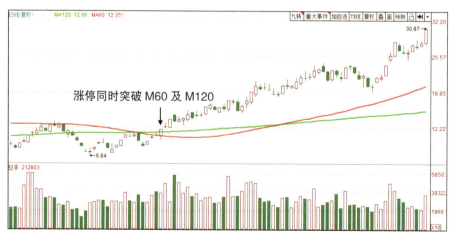

图 7-15 多氟多（002407）涨停同时突破 M60 及 M120

图 7-16　新五丰（600975）涨停同时突破 M60 及 M120

图 7-17　隆基股份（601012）两个涨停分别突破 M60 及 M120

龙头股的股性特质，不属于我们选择的范畴。

　　当然，不是所有强势股突破 M60 都是以涨停的形式，也有少数长线模型的个股是以大阳线的形式，后市上涨的也不错，如图 7-18 所示。但是，按照趋势交易体系的要求，不管中长线模型还是短线模型，我们只选择以涨停板进行启动的个股。

　　另外，启动时发生日、周共振启动的个股，股性更强。

　　所谓日、周共振启动，是指个股在启动时以涨停板的形式同步突破日线 M60 和周线 M60，如山东墨龙（002490）2021 年 5 月 7 日启动，

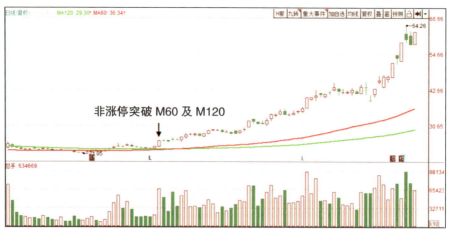

图 7-18　赣锋锂业（002460）非涨停同时突破 M60 及 M120

图 7-19　山东墨龙（002490）日线级别突破

日线级别以涨停板突破 M60 及前期整理平台。如图 7-19 所示。

　　在周线级别，同时突破周线 M60，如图 7-20 所示，这样的启动方式往往更加真实有效，而且后市上涨的连续性更好，股性更强。

　　再如红塔证券（601236），2021 年 7 月 21 日以涨停的形式突破日线级别 M60，却未能同步突破周线级别 M60，如图 7-21、7-22 所示。这样的启动就不属于日、周共振启动，股性相对来说就会偏弱。

图7-20 山东墨龙（002490）周线级别突破

图7-21 红塔证券（601236）日线级别突破

图7-22 红塔证券（601236）周线级别未突破

179

三、启动后的回踩确认判断股性强弱

形成明确的上升趋势，开启上升通道之后，便具备了我们进行买入操作的条件。启动之后，绝大多数个股要对突破 M60 进行回踩确认。

中长线股和短线股的回踩确认不同，对于短线模型的回踩，要求回踩受到 M5 或 M10 的支撑，才能够说明股性强大，如图 7-23 所示。对于中长线模型的回踩，要求回踩受到 M60 的有效支撑，就能够说明对 M60 突破是有效的。

图 7-23　绿庭投资（600695）短线股启动后回踩受到 M5 的支撑

基于去弱留强的要求，不管中长线还是短线，强势股启动后的回踩要求受到 M5 或 M10 的有效支撑。如图 7-24、7-25 所示。其中，回踩受到 M5 支撑的个股后市一般要强于对 M10 进行回踩确认的个股。

回踩确认的过程，需要注意两点：

（1）启动后进行回踩确认的过程中，M10 要始终保持顺滑向上，这样的个股股性一般较强。如图 7-26 所示。

（2）启动后进行回踩确认，要在 6 个交易日内完成，股性更强的个股一般在 3 个交易日内完成。其中，以涨停板形式完成回踩确认的个股股性更强。如图 7-27 所示。

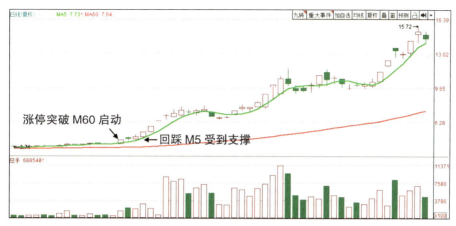

图 7-24 新五丰（600975）中长线模型回踩确认受 M5 支撑

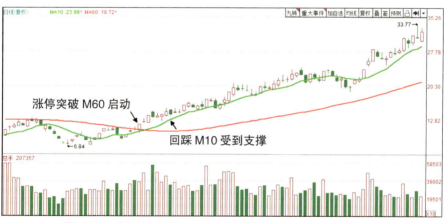

图 7-25 多氟多（002407）中长线模型回踩确认受 M10 支撑

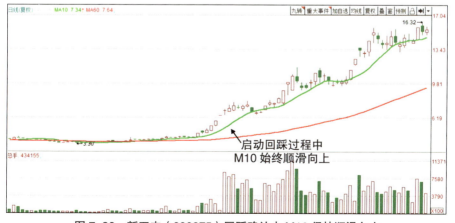

图 7-26 新五丰（600975）回踩确认中 M10 保持顺滑向上

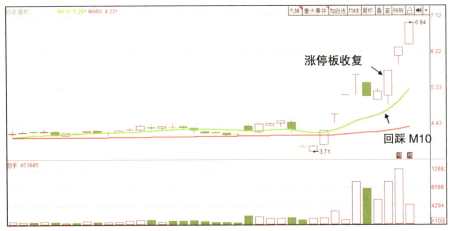

图 7-27 润邦股份（002483）回踩确认 3 日内以涨停板完成

启动后跌破回踩均线，属于回踩确认失败，同时也表明之前对上升通道的开启是无效的。启动后，回踩跌破 M10 的个股，或属于突破失败，或属于股性较弱，均不纳入我们选股的范畴。

第三节　中长线个股买点的分类和应用

趋势交易体系把传统的短线模型和中长线模型的概念进行了优化，交易是处在不同的周期中进行，周期有长短之分，交易本身并没有长短之分。所谓的中长线交易，实际是由数个上升通道或数个上涨周期组合而成，因此，我们所做的交易模型，称之为波段交易或多周期交易更为准确。

中长线投资的内涵，绝对不是数年或数十年持股一动不动，而是由数个上升通道和上涨周期组合而成。如图 7-28 所示。

关于趋势股的定义，传统观点认为，中长线模型的个股属于趋势股，把投机炒作的短线模型定义为非趋势股，其实，这是没有弄清楚趋势的内涵，虽然不同个股模型的表现形式有所不同，但这只是上涨

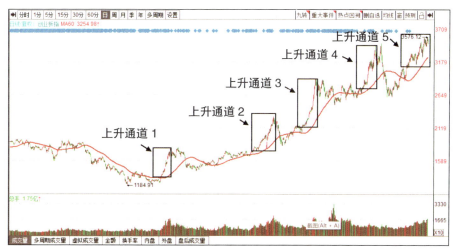

图 7-28　中长线模型本质上是由数个上升通道组合而成

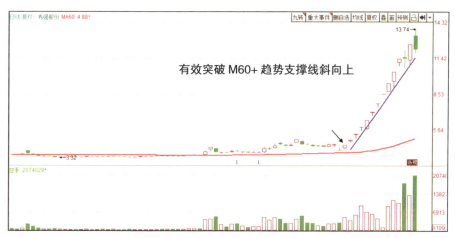

图 7-29　短线模型难道不是趋势股?

周期长短和运作形式的区别而已，趋势内涵并没有区别。如图 7-29 所示。

　　凡是同时符合有效突破 M60 和趋势支撑线斜向上技术特点的个股，都属于趋势股。

　　凡是开启上升通道、形成上涨趋势、具有赚钱效应的个股都属于趋势股。

　　通过对趋势运行规律的认知和学习，对于指导我们选择安全可靠的买点具有重要意义。关于买点的选择，应该根据不同投资者的风险偏好和风险承受能力来制定不同的交易策略，不应一概而论。有人偏好风险，习惯进行左侧交易；有人厌恶风险，喜欢进行右侧交易，没有绝对的对错之分，仅仅是投资者性格和交易风格的不同而已。

一、买点的分类

（1）根据买入的趋势区间不同，分为左侧买点和右侧买点。

左侧买点是非上升通道中的买点，分为超跌反弹买点和左侧底仓买点，右侧买点属于上升通道开启之后的买点。

（2）根据运行位置和性质的不同，分为支撑买点和突破买点。

（3）在趋势交易体系中，买入操作只有建仓和加仓的概念，没有"补仓"的概念，"补仓"是个伪命题。

二、买点的选择

股市里有句俗语：会买的是徒弟，会卖的是师傅，但本人认为，会买的同样是师傅。选择安全可靠的买点进场，后市的操作就会变得十分主动，如果买点选择不好，后市的操作就会变得十分被动。

1. 下降通道中的买点选择

超跌状态下的抢反弹买点，主要见于：

（1）主力未完成出货，个股随大盘暴跌被错杀时。如图7-30所示。

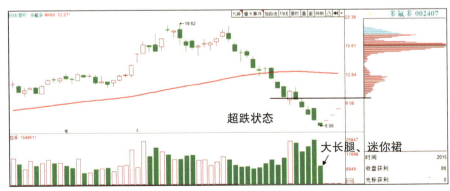

图7-30　多氟多（002407）主力被错杀，超跌状态下的买点

（2）个股有资金建仓、筹码整理行为，筹码集中后又出现较大幅度的下跌，跌破资金建仓成本区。如图 7-31 所示。

图 7-31 濮阳惠成（300481）资金建仓后，被错杀的超跌买点

2. 上升通道中的买点选择

在上升通道的开启和运行过程中，有以下 3 个比较关键的点位，主要依据区间和位置来确认买点。

（1）左侧建底仓买点（第一买点）。

第一买点出现时，行情处于初步见底的底部区间，已经出现了长期下降通道底部连续放量、趋势支撑线变平行、筹码峰呈现密集状态、短中长均线相互缠绕黏合等特征，主力资金的建仓动作基本完成，处于建仓后的洗盘阶段。

第一买点出现时，上升通道尚未开启，属于左侧交易，此时进行买入的优点是建仓成本很低，也可以为启动时的加仓、做 T 等操作提供先手。

左侧建底仓的买点，应该选择出现第 2 或第 3 个低点之后，趋势支撑线走平，接近密集筹码峰下缘或趋势支撑线的价格进行建底仓，如图 7-32 所示。

建底仓不应该超过总仓位的三成。

任何买入操作，都应该提前设定止损条件并严格执行。第一买点的止损条件是，买入之后股价跌破趋势支撑线，应该立即执行止损。

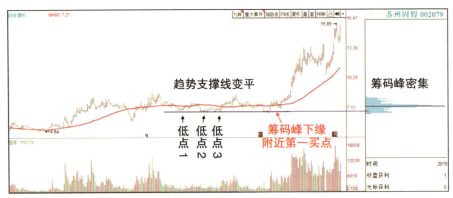

图 7-32 苏州固锝（002079）第一买点的确认

（2）右侧突破买点（第二买点）。

第二买点是在趋势拐点明确形成时，之后上升通道正式开启。最明显的特征是涨停板突破 M60、量能持续放大、趋势支撑线开始斜向上运行。如图 7-33 所示。

第二买点出现时，上升通道正式开启，属于右侧交易，此时买入的优点是买点明确可靠，第二买点是最主要的买入机会。

启动的初期，趋势支撑线逐渐斜向上运行，回踩趋势支撑线也是第二买点的买入机会。第二买点出现之后，持有的总仓位应该在七成左右。明确启动之后，如果持有仓位过低，也属于仓位管理风险的一种。

图 7-33 苏州固锝（002079）第二买点的确认

第二买点的止损条件是，买入之后股价跌破 M60 或跌破趋势支撑线，应该立即执行止损。

（3）回踩支撑买点（第三买点）。

第二买点出现之后，一般要对突破进行回踩确认，回踩多选择短期均线（M5 或 M10）、趋势支撑线、M60 等位置。如图 7-34 所示。一般来说，回踩的幅度越浅，个股股性就越强，后市的行情就越强，例如，回踩 M5 确认的个股，后市一般要强于回踩 M10 确认的个股。

回踩确认最明显的信号是大阳线或涨停板反包回踩的位置，这是第三个买点。第三买点的出现，标志着个股有效突破 M60 并且完成回踩确认，上升通道成功开启，是重仓或满仓买入的机会。

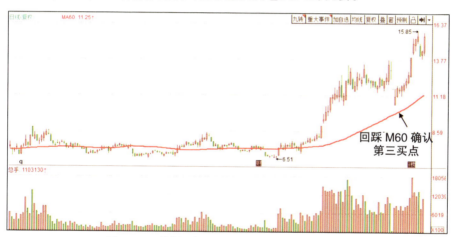

图 7-34　苏州固锝（002079）第三买点的确认

第三买点出现之后，上升趋势不会轻易衰竭，上升通道将受到 M60 和趋势支撑线的双重支撑，持续拉升。

尽管如此，止损条件还是应该提前设定好，当股价跌破趋势支撑线甚至继续跌破 M60，是第三买点的止损条件。

在个股有效启动的区间，也就是第 2 个和第 3 个买点确认过程中，经常会用到一个技术——放量打拐。"放量打拐"出现在启动位置，是中长线模型经常运用到的买入技术。

建仓洗盘完成之后，主力资金开启上升通道，突破前期建仓箱体时，以持续放量的形式进行突破，突破往往有效，这种有效启动的形式称为放量打拐。如图 7-35、7-36 所示。放量打拐的成交量一定要持续放量，尤其是开始启动的 4-5 个交易日，必须突破前期的整理平台，之后趋势支撑线变为斜向上。

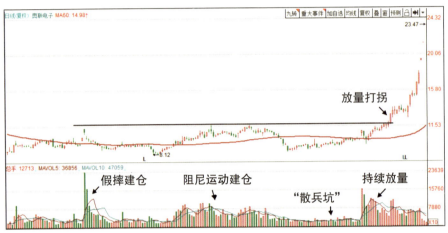

图 7-35 奥联电子（300585）放量打拐

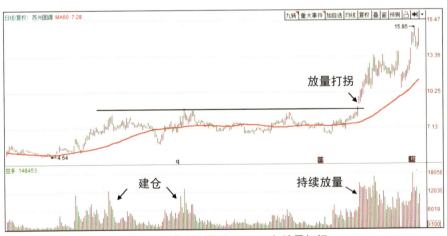

图 7-36 苏州固锝（002079）放量打拐

分时图出现的放量打拐，是个股的分时买点。开盘后分时价格进行横盘整理，突然放量拉升，连续出现百手、千手以上的大额买单，是分时的确定性买点。如图 7-37、7-38 所示。

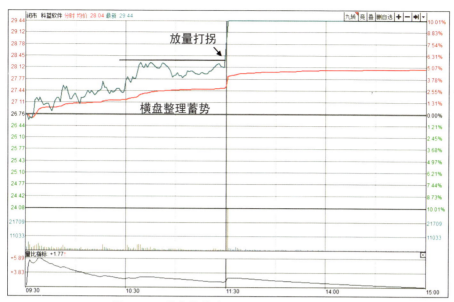

图 7-37　科蓝软件（300663）分时放量打拐

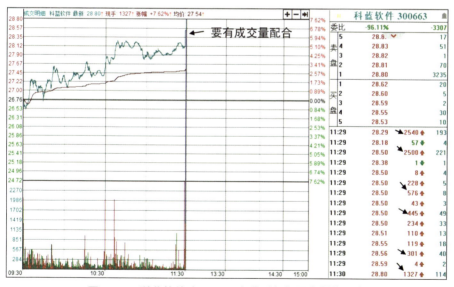

图 7-38　科蓝软件（300663）分时打拐要有量能配合

3. 上涨中继的买点选择

即"空中加油"的买点。"空中加油"的运行过程能否成功，主要取决于阻尼运动中的量能表现，阻尼运动末端缩量，表明筹码处于高

189

度锁定状态。之后，当阻尼运动末端方向选择向上突破时，标志着新的上升通道成功开启，这是上涨中继行情安全可靠的买点。如图 7-39、7-40 所示。

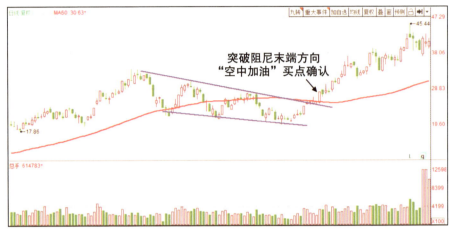

图 7-39 多氟多（002407）"空中加油"买点的确认

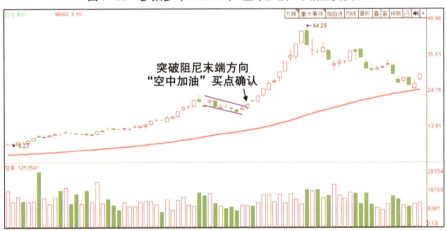

图 7-40 青岛中程（300208）"空中加油"买点的确认

对于"空中加油"末端成交量放大的个股应该谨慎，这说明主力资金经过一段时间的筹码整理，仍然无法达到控盘或筹码锁定状态，很难有效启动。

重要提示：任何买入操作都应该提前设定止损条件并严格执行，这不是对自己的理论或技术不自信的表现，而是成熟交易体系中必须具备的素质，这也是能够在残酷的股市里保持"长寿"的生存法则。止损，是规避不确定性和股市系统性风险最有效的方法！

4. 中长线个股的周线级别买点选择

周线级别的启动点，确定性更高，上涨持续性更加可靠。

中长线个股的周线级别买点：

（1）支撑买点——建底仓。

出现建仓洗盘行为之后，筹码峰呈现高度集中，股价达到前箱体水平附近甚至超过前箱体，之后一般会有一个缩量回调的过程，这个过程的成交量呈缩量，受到密集筹码峰的支撑，在密集筹码峰的下缘或者缩量后重新出现放量的周阳线，进行底仓的买入。如图7-41所示。

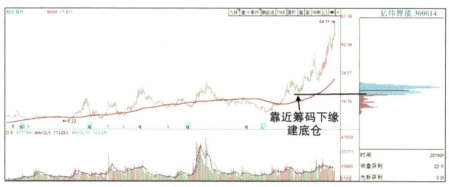

图7-41 亿纬锂能（300014）周线支撑买点

（2）支撑买点——回踩确认周 M60 处。

拉升过程中，个股会有回踩确认支撑的动作，强势个股回踩周线 M30，一般的个股回踩周线 M60。在回踩获得支撑确认的位置，也是进行买入的机会。如图 7-42 所示。

（3）突破买点——加仓。

缩量或持续温和放量突破底部筹码集中区，股价创出新高，底部筹码充分锁定，多空双方一致，是进行加仓的位置。如图 7-43 所示。

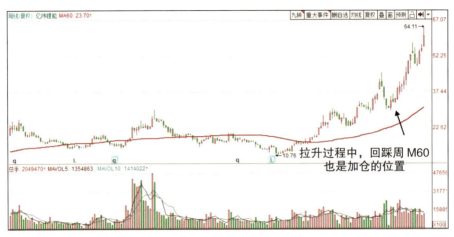

图 7-42　亿纬锂能（300014）周线支撑买点

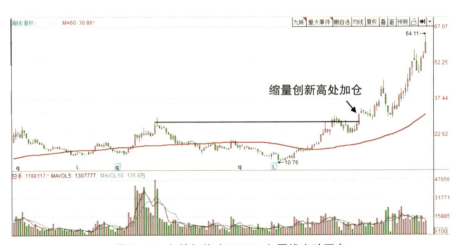

图 7-43　亿纬锂能（300014）周线突破买点

　　中长线个股模型特别适合大资金和上班族操作，中长线个股也并非传统观念里的长期持股不动，应该进行大波段操作。进行波段操作的目的，不仅仅是为了赚取波动的差价，更重要的是为了回避市场的不确定性，规避有可能产生的系统性风险。

　　另外，买入中长线个股的时机，除了趋势上出现了拐点，如果基本面也同时出现拐点，产生共振，那是最完美的。因此，中长线个股一定要有健康、良好的基本面作保障。

第四节　中长线个股卖点的分类和应用

关于卖点的选择，同样应该根据不同投资者的风险偏好和风险承受能力来制定不同的交易策略，不应一概而论。

对于买卖点的把握，本人认为不应该追求买在最低点位、卖在最高点位，买卖操作都应该遵循趋势拐点的出现和交易的确定性。合理的交易原则应该既能够保证收益变现，也可以最大限度地规避风险。

卖点出现之前，最先反映在成交量和筹码上。中长线个股在拉升过程中，大都是缩量创新高，没有太多的筹码换手，底部筹码被牢牢锁定。如果在高位出现放量、底部筹码松动的迹象，就要开始准备减仓动作了。

高位明显放量反映在筹码分布上，启动位置高度集中的低位筹码峰消失，大部分已经转移到了高位，这是判断头部最重要的原则。如图7-44、7-45所示。

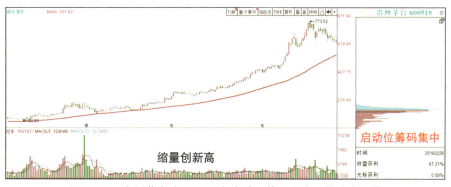

图7-44　贵州茅台（600519）启动位筹码集中、拉升中缩量

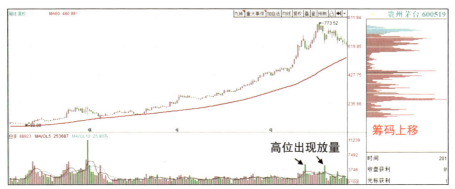

图 7-45　贵州茅台（600519）高位放量、筹码上移

一、第一卖点：均线之上的卖点

第一卖点出现时，甚至连 M5 或 M10 都没有跌破，个股的趋势和技术形态依然良好，但是应该进行适当减仓，卖出仓位一般在 3~5 成左右，这样可以最大限度地保障既得收益，又可以及时规避进一步下跌的风险。技术指标包括：反转 K 线组合、高空太阳雨、假涨停、双子顶等，并伴有巨量巨震。

1. 反转 K 线组合

反转 K 线组合是头部区间常见的趋势反转指标。反转 K 线组合出现在高位，并伴有成交量的明显放大，是比较明确的见顶信号，表明多头市场开始转为多头能量衰竭，再进一步转变为空头市场。

反转 K 线组合由三根 K 线组成，第一根为大阳线或涨停板，第二根为跳空高开的小阳、小阴或十字星，并且伴有明显放量，第三根为大阴线或跌停板，且跌幅要超过第一根阳线实体的 1/2 以下。如图 7-46 所示。

图 7-46　反转 K 线组合

下面列举一些反转 K 线组合的技术形态以及其演变形态。如图 7-47 至 7-51 所示。

图 7-47　标准的反转 K 线组合

图 7-48　反转 K 线组合的演变

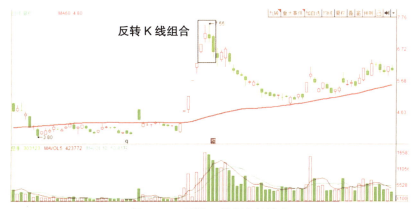

图 7-49　反转 K 线组合的演变

图 7-50　反转 K 线组合的演变

图 7-51　反转 K 线组合的演变

2. 双子顶

双子顶是在高位出现的两根 K 线组合，前一日多为中阳线、大阳线或涨停板（红 K 线），后一日多为冲高回落的太阳雨、大阴线或跌停板（绿 K 线），两个交易日伴有巨大的成交量，有时可见天量天价。红 K 线与绿 K 线自由组合，多数情况阳线在先，阴线在后。

阳 K 线		阴 K 线	
长下影线		长上影线（高空太阳雨）	
大阳线		大阴线	
涨停板		跌停板	

　　双子顶在高位一方面放量诱多拉升，另一方面放量杀跌，其本质是多空双方在高位发生了剧烈的分歧，日内分时振幅巨大，并伴有大量筹码的换手，是行情见顶的信号。如图 7-52 所示。因此，双子顶的特点是在高位区间量能明显放大、高换手、日内巨震。

　　有时双子顶的阴线在盘中一过性创出新高，甚至有的双子顶阴线收盘价高于前一日的阳线，如图 7-53、7-54 所示。但是，双子顶阴线的分时表现为上涨遇到巨大分歧，冲高回落，本质上也属于双子顶的技术形态。

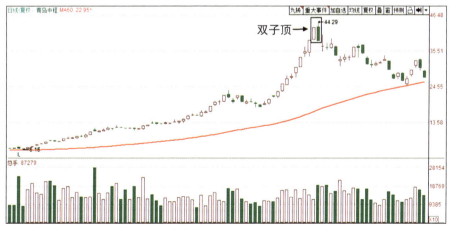

图 7-52　青岛中程（300208）双子顶头部

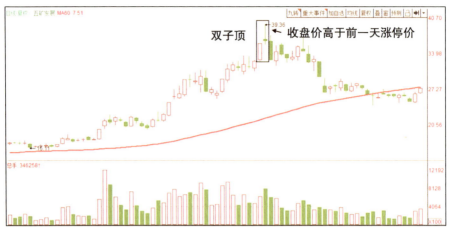

图 7-53　五矿发展（600058）双子顶头部

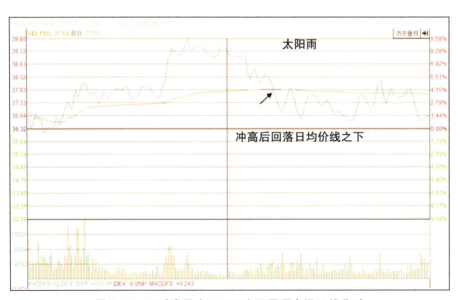

图 7-54　五矿发展（600058）双子顶中绿 K 线分时

　　需要说明的是，第一卖点的选择和操作原则只适合于中长线交易模型。短线交易模型的第一卖点是重要的减仓信号，减仓的原则和仓位与中长线交易模型不同。

二、第二卖点：短期趋势破坏的卖点

短期上涨趋势破坏，最常见的是两次日内跌破 M5/M10。短线交易多由市场游资主导，短线趋势破坏反映了市场游资看待短期行情的态度。短线趋势破坏应该进行减仓，卖出总仓位的 5~6 成最为主动。如果趋势进一步破位，可以保住既得收益，如果后市重新收复 M10，又可以从容加仓买回。

两次日内跌破 M5/M10，如图 7-55 所示，有 3 个技术要点：

（1）一日内同时跌破 M5 和 M10 两条短期均线。

（2）以中长阴线的形式同时跌破 M5 和 M10，个股跌幅在 3% 以上，指数跌幅在 1.5% 以上。

（3）短期内（1~3 周）出现 2~3 次以上。

图 7-55　罗牛山（000735）两次日内跌破 M5/M10

三、第三卖点：跌破趋势支撑线的卖点

趋势支撑线是每一个上升通道最可靠的趋势指标，我常常以"上车要系好安全带"来进行比喻，上车一定要系好安全带，买入之后一定要关注趋势支撑线。

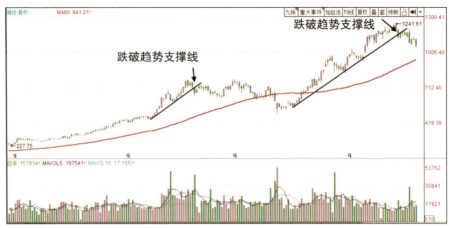

图 7-56 贵州茅台（600519）跌破趋势支撑线卖点

趋势支撑线破位，标志着该上升通道已经封闭，应该果断进行减仓，如图 7-56 所示。此处减掉的总仓位应该在 7 成左右最为合理。对于风险厌恶型的投资者，此时进行清仓也是不错的选择。

四、第四卖点：跌破 M30 或 M60 的卖点

当 M30 被跌破时，一般很难再形成后顶，对于风险厌恶型的投资者，此时进行清仓是不错的选择。当后市收复 M30 时，可以重新买回减掉的仓位。

当 M60 被跌破时，趋势支撑线早已跌破，上升通道完全封闭，上涨趋势明确终结，对于所有的趋势投资者来说，此时应该完全清仓，不应该再持有任何进入下降通道的股票。

周线级别跌破 M60 是更为确定的趋势破坏信号，但是对于卖出交易来说过于滞后，在日线级别出现跌破 M60 就应该及时离场了。

五、第五卖点：M120 小平台末端

这个位置严格意义来说不应该称作卖点，如果按照趋势交易体系的卖点进行操作，到了这个位置，是不应该再持有任何仓位的。

M120 小平台是下降通道的中继，末端是即将发生暴跌的位置，是绝对不允许买入或持有任何仓位的。

以上几个卖点，是中长线模型确切可靠的减仓位置，至于每个卖点减掉多少仓位，应该根据投资者不同的投资风格和习惯进行制定。

本章小结

不管是基本面选股还是题材选股，最终都要经受市场资金的选择和考验。顺应趋势就是尊重市场的选择，是每一位成熟投资者对待市场应有的态度。

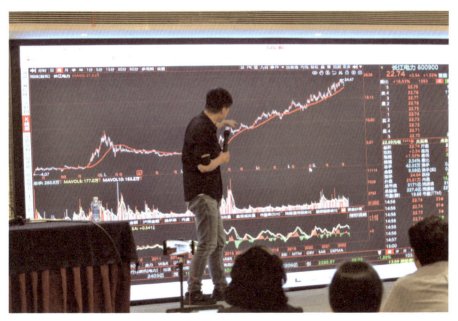

图 7-57　在舵手读书会中剖析中长线个股买卖点

图 7-58　读书会间歇开小灶为会员答疑

图 7-59　在舵手读书会详细讲解起飞平台

第八章　建立和完善投资交易体系

第一节　仓位管理

从交易层面来说，大部分交易风险并非来自趋势和个股，趋势是客观的，只要做到顺势而为，就不存在系统性风险。个股的本质是筹码，由资金主导，是资金运作的载体，筹码本身并不存在风险。交易层面的大部分风险是由仓位管理所决定的，进行科学有效的仓位管理，依靠仓位管理来控制和防范风险，是成熟投资者的标志。

在实际交易中，应该根据趋势区间、投资风格、交易时机等合理配置仓位。仓位管理的内容和精髓，很难通过文字来表述清楚，需要投资者根据自己的特点和风格，通过大量的交易实践来进行磨合、完善和固化。每一位投资者的交易风格可能都不尽相同，我在这里单纯分享一下本人的心得体会，仅供读者朋友们参考，同时，希望能够纠正一些常见的交易方面的错误理念和习惯。

一、补仓是伪命题

投资者在执行买入操作之后，出现了与预判不一致的走势，导致持仓被套，为了降低持仓成本，不少人会选择进行补仓。

我们来分析一下被套的原因，大部分是因为后市行情的发展与预判出现了不一致，是预判出现了偏差和错误。既然是错，最客观的操作应该是及时止损，试图通过加仓来进行摊薄亏损成本的想法和做法，是一错再错。

在下降通道中进行的买入操作，出现预期与行情不一致的概率将会大大增加。买入下降通道的股票，违反了趋势交易体系的交易原则。

趋势交易体系中包含了择机建"底仓"、突破或回踩确认后进行"加仓"、头部信号出现时进行"减仓"、进入下降通道后选择"空仓"，就是没有"补仓"这一概念。

培养趋势理念进行投资，千万不可滋生"越跌越买"的陋习，"越跌越买"远比"越涨越买"的风险大得多。同样，当上涨趋势明确，也不能因为价格上涨而不敢进行买入操作。

因此，"补仓"是个伪命题。如果趋势是下跌的，最有意义的操作就是在任何时间任何价位进行止损。买入被套后进行补仓，本质上就是一错再错，错上加错！

二、持股不能过于分散

持股过于分散是散户常见的仓位管理问题，我见过有些证券账户，十几万几十万的资金体量竟然同时持有十只以上个股，持股过于分散显然是不合理的。

持股分散首先说明目标股没有选择好，选到好的公司好的股票，你的眼里是容不下其他杂毛票的。股票的合理筛选需要有一个去弱留强的过程，通过这个过程来实现优中择优。

其次，持股过于分散，在复盘和操盘时需要付出更多的时间和精力，而收益与付出往往不成正比。比如一个 100 万元的证券账户，同时持有 5 只个股涨停和持有 1 只个股涨停，当天的收益都是 10%，收益没有区别，而付出却要更多。仓位的配置，应该根据资金体量的大小进行合理安排，100 万以内的证券账户要适当注意持股过于分散的问题。

再次，日常交易换股不宜过于频繁，需要盘前做好复盘功课和交易计划，盘中尽量避免进行计划之外的操作。减少交易失误，就要从减少交易频率开始。

三、计划配置的股票，应该做到分批择时买入

具体操作主要根据个人的风格和交易习惯，本人执行买入计划时，习惯将资金分为三部分，三成资金作为建底仓之用，四成资金用于趋

势明确后加仓，三成资金作为机动仓位进行波段操作。

底仓建好之后，只要趋势运行正常，没有触发止损条件，在上升趋势终结之前一般不会卖出。进行加仓时需要等待趋势拐点的出现和启动信号的确定性。机动仓位主要用于波段操作，降低持仓成本，规避系统性风险。

四、要学会空仓，能做到空仓

股市里的"劳动模范"往往吃不开，不少投资者都有长期重仓满仓或者高频交易的习惯，这也是仓位管理不成熟的一个表现。

有些投资者可以让他一天不吃饭，但绝不能让他一天不交易。中国股市的一个特点是熊长牛短，长期持仓的结果就是要在漫长的熊市中煎熬，反复坐过山车，时不时经历系统性风险等。

要学会运用趋势投资的理念和方法，在下降通道中，要能做到空仓。等待上升趋势明确之后，再去做股市中的"劳动模范"。中长线交易的思维要转变为波段操作或周期操作。

五、明确的上升通道中，应该重仓或者满仓

仓位不足，同样属于仓位管理风险。与"无畏"型投资者相反，市场上还存在一部分胆小型投资者，或者性格使然，或者被股市深深伤过，始终做不到该出手时就出手。

明确的上升通道开启之后，应该做到顺势而为，尤其是当手中个股的上涨周期和大盘的上涨周期同步时，应该果断加大仓位，并坚定持股。在明确可靠的行情中，要做到收益最大化，如果不敢上仓位，或者频繁换股，付出与收益将出现脱节，造成仓位管理风险。

行情进入上升通道，是市场最具赚钱效应的区间，也是交易风险最低的区间，对于大多数投资者来说，不应该进行频繁操作，坚定持股是最好的选择。对于技术水平较高的投资者，可以使用机动仓位进行波段操作，降低持股成本。

六、抄底逃顶的交易风格

中长线股的底部区间和头部区间结构不同，底部区间比较宽，构建周期长，头部区间比较窄，构建周期短，有"宽底尖顶"之分。买入操作的准备时间充裕，交易机会比较多。而卖出操作的准备时间有限，交易机会相对较少。因此，进场慢一步，离场快一步，减仓操作应该比建仓、加仓的动作更加迅速果断。

及时止盈是一个非常明智又实惠的选择，永远不要追求卖在最高点位，能够从容地在趋势拐点出现时离场，已经是近乎完美的交易了。

第二节　止损

高速公路上有一辆汽车在飞速行驶，假如告诉你，这辆飞速行驶的汽车只有油门，没有刹车，你知道后会产生怎样的感觉？一定觉得很恐怖吧！

什么是止损？止损就是飞速行驶中汽车的刹车。

在股票交易中，买入和止损必须同步存在，就如同汽车的油门和刹车必须共存一样。只重视买卖交易，而忽略止损，是一件非常恐怖的事情。止损是我们进行股票交易中最直接、最有效的保护措施。

建立完善的交易体系，一定形成止损的理念，养成止损的习惯，只要进行买入操作，必须同时设立止损条件并严格执行，这是铁的纪律！如果后市行情的发展与预判出现不一致，应该果断执行止损，买入操作与止损计划应该始终保持同步。

进行买入操作之后，行情的发展与我们的预判不一致，甚至出现了相反的走势，应该立即执行止损、离场观望，绝不能因为找不到股价下跌的原因而迟疑或犹豫不决。行情与预判相悖时，首先应该依据既成事实果断执行止损，这才是我们最应该做的。为股票的下跌找理由，不属于我们的工作，跌过之后，市场自然会给出合理的解释。

关于止损条件的制定没有统一的标准，个人可以根据自己的交易习惯和风格制定不同的标准，但是止损计划必须要制定，而且要严格执行的！作为趋势投资者，预判后市行情发生趋势拐点，上升通道即将开启，是我们进行买入操作的条件。止损多出现在假突破或回踩确认失败的位置，趋势交易原则上不主张在下降通道中进行操作，因此，以上升通道中的交易为例进行说明。仅供读者朋友们参考。

常见的止损计划制定：

一、底仓破位，触发止损

西藏发展（000752）出现上涨放量、下跌缩量的建仓形态，底部筹码峰逐渐呈密集状态，日线级别出现了2~3个低点，趋势支撑线走平。在贴近筹码峰下缘的位置，买入底仓。当然建底仓属于左侧交易，因为明确的趋势转折点尚未出现。

行情的发展并未像预期那样直接开启上升通道，而是跌破了阻尼运动的趋势支撑线，此时应该立即执行止损。如图8-1所示。

如果破位是洗盘行为，那么待后市再次返回M60时，应该重新买入。如图8-1所示。

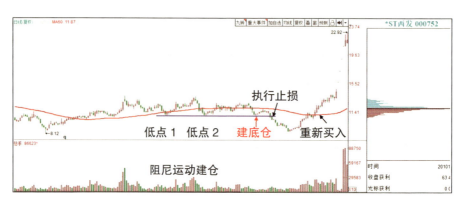

图8-1　西藏发展（000752）建底仓后触发止损

二、有效突破失败，触发止损

"应该涨停而没有涨停"是指大盘或个股运行至某一个关键位置，如 M60、趋势压力线、前期高点等，行情应该顺势上涨进行突破，但实际上并没有出现预期的有效突破，强势个股在这些关键位置更应该以涨停板的形式进行突破。如果没有出现涨停，那就是该涨（停）不涨（停）。如图 8-2、8-3 所示。

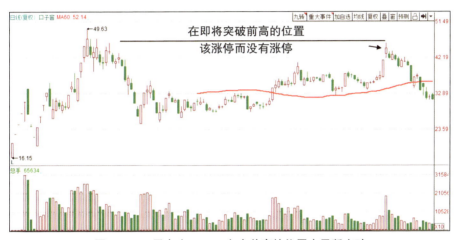

图 8-2　口子窖（603589）在前高的位置未果断突破

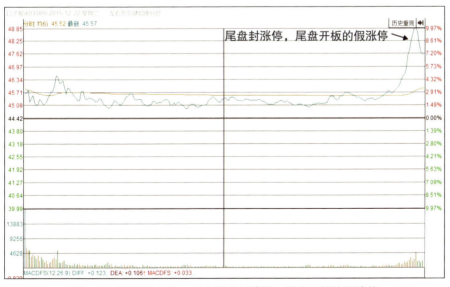

图 8-3　口子窖（603589）尾盘封涨停、尾盘开板的假涨停

我们对行情的预判是后市应该出现有效突破，开启一轮上涨行情，结果走势却出乎我们意料，并没有出现预判中的强势，这时就应该毫不犹豫地离场观望。

该涨停而没涨停，是在日常交易中经常会遇到的情况，它反映了主力资金对待关键位置的真实意图和实力，多见于主力资金的诱多行为或者是主力资金实力较弱，无法有效启动，投资者容易追进被套，经常上当。

富通鑫茂（000836）M60 出现突破，分时冲击涨停属于确定性买点，进行加仓。买入后，尾盘涨停开板，最终未能实现强势突破 M60，触发止损条件。但是当天无法执行止损，待次日开盘股价无法维持在前一日的收盘价之上时，执行止损。如图 8-4、8-5 所示。

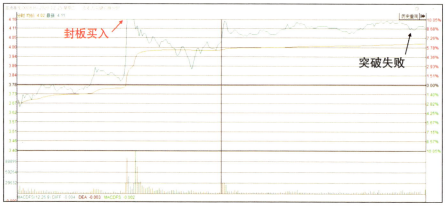

图 8-4 富通鑫茂（000836）涨停突破 M60，尾盘开板

图 8-5 富通鑫茂（000836）假突破触发止损

三、回踩确认失败，触发止损

亚翔集成（603929）以涨停的形式对 M60 进行突破，突破之后，需要对 M60 进行回踩确认。在回踩 M60 时，未能形成有效支撑，说明之前对 M60 的突破是无效的，因而触发止损条件。在跌破 M60 后，果断执行止损。如图 8-6 所示。

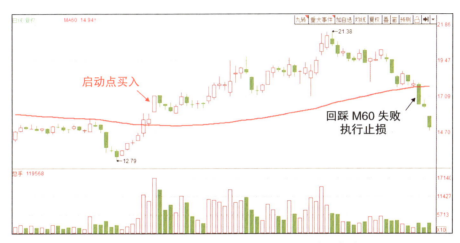

图 8-6　亚翔集成（603929）回踩 M60 确认失败

四、假摔失败，触发止损

湖南天雁（600698）在长期下降通道的末端出现"鲤鱼跳龙门＋假摔"的技术形态，主力资金建仓之后，搭建起飞平台进行整理，在 M60 附近可以买入底仓。后市行情并未出现预期的启动，反而跌破 M60，因而触发止损条件。在跌破 M60 后，果断执行止损。如图 8-7 所示。

五、仙人指路失败，触发止损

新日恒力（600165）前期有建仓行为，逐渐站上 M60 并出现"仙人指路"的技术指标，可以在收盘前买入底仓，如果短期内出现突破再进行加仓。可是行情并未出现突破行为，反而跌破 M60，因而触发止损条件。在跌破 M60 后，果断执行止损。如图 8-8 所示。

图 8-7　湖南天雁（600698）假摔后触发止损

图 8-8　新日恒力（600165）仙人指路后触发止损

图 8-9　新日恒力（600165）仙人指路后启动

止损之后，新日恒力（600165）重返 M60 之上，并再次出现仙人指路，重复之前的操作，收盘前建好底仓，这一次出现启动信号，在启动时进行加仓。如图 8-9 所示。

第三节　建立和完善投资交易体系

一、选择行之有效的交易体系

市场中有众多的投资理论和方法，有一些空洞不实用，有一些难懂难操作，学习方向不对，事倍功半。趋势交易体系是符合中国股市运行规律的理论和方法，来源于实战，应用于实战，完整的趋势交易体系包括：趋势交易的基本理念和技术，探索和解析股市的内在运行规律，研究上市公司基本面和挖掘白马股、中长线交易的操作原则和技术、短线交易的操作原则和技术等等。

趋势交易体系是一套系统、完整的交易体系，是道与术的完美融合。证券投资的理论和技术众多，不管是百花齐放还是十八般兵器，适合自己的才是最有效的。他山之石可以借鉴、学习和吸收精华，同时也存在各自的局限性，每一位成长中的投资者应该始终保持谦卑，不断地学习和修行。

二、严格执行交易原则

成熟的交易体系中，仓位管理和止损是非常重要的组成部分，非职业投资者往往会忽略或不予足够重视。前面已经讲过，买入交易和止损，就如同汽车行驶中的油门和刹车，想要前进，踩油门；遇到状况，踩刹车！如果没有设定止损条件并严格执行，当行情的发展与预判不符时，风险是极大的。

有效执行既定的交易计划，仓位管理也应该同步规划好，切忌在盘中临时改变交易计划或大幅变动仓位。

三、知行合一和应变能力

知行合一的能力，说起来简单，做起来很难。相信每一位投资者在交易过程中都会遇到一些遗憾的情况。明明确定性买点已经出现，进行买入操作时却犹豫不决，不敢下单，错失良机。明明出现止损信号，却心存侥幸，结果越套越深。这是因为实战经验不足，缺乏交易的自信，应变不够自如，执行力欠缺，这些障碍需要慢慢克服，才终能达到知行合一的境界。

明确信号没有出现之前，不要出手，频繁交易将产生大量的无效交易和错误交易。将交易的频率降下来，把重心放在确定性上，才能减少交易失误。

严格执行操盘计划是对知行合一的要求，投资者对自己的预判充满自信，当市场的运行与预判相悖时，会使投资者产生焦虑，怀疑自己的判断。这时候不应该产生抵触情绪，应该及时进行调整，顺势而为。

四、保持健康的身心

养成健康的身心，时常保持轻松愉快的心态，投资带给我们的，应该是快乐！如果你在股票投资的过程中，没有感受到快乐，那么，一定是你的交易体系出现了问题！

除此之外，平时应该适度进行体育锻炼。拥有健康的身体，才能更好地进行投资交易，健康也应该是我们所追求的更为宝贵的财富。

在投资过程中，尽量不要滋生过多的负面情绪。有时候投资者的认知障碍，才是投资路上的最大障碍，常常出错的是人而不是市场，所以不要一直抱怨市场，更重要的是，抱怨对于投资没有任何的帮助。应该多反思多总结多学习，就不会重复犯同样的错误。

五、制定合理的收益目标

股票投资是一个相对漫长的修炼过程，个人投资者建立和完善交易体系，需要十年以上的学习、训练和积累，才能功到自然成。

趋势交易体系核心的最后一句就是：盈多胜小亏，时间好伙伴。妄想在股票市场上一夜暴富或者一劳永逸都是不现实的，股票投资的收益是努力付出和时间的积累。每次交易，判断正确的时候，保证收益尽量多一点；判断失误的时候，保障亏损尽量少一点，通过时间的积累，才能够实现财富的积累。

六、培养良好的学习和复盘习惯

除了读书学习、请教交流之外，能够有效提升投资水平的方法是坚持每天复盘和书写复盘笔记。高手的时间和精力大多数不是在交易上，而是在思考和总结上。久而久之，在投资交易中就会坚定自己的判断，而不会受到外界或情绪的干扰，在别人的绝望中看到机会，在别人的疯狂中嗅到风险。

七、培养科学的交易习惯

耐心是金，择时非常关键，要做到审时度势。一名优秀的猎人，除了高超的捕猎技巧，心态的修炼也必须到位，真正做到"不见兔子不撒鹰"。关注一只股票，并不是要马上买入，关注与买入是两个概念。关注是观察、研究和跟踪，而进行买入操作，一定要等待明确的启动点或者趋势拐点出现。

不要和股票"谈恋爱"，不能因为长期关注和跟踪而对个股产生主观的感情变化，从而干扰客观真实的判断。

满仓操作的习惯，个人觉得不科学，健康的仓位管理将使交易变得更加合理。交易中要克服贪婪和赌性。"买在最低点，卖在最高点"

的追求是客观上无法实现的，相对而言，能够把握趋势的拐点更为重要！

不少投资者在学习股票投资技术的过程中，常常因为一些关键点和细节无人点拨，导致交易体系无法完善，下面列举一些之前读者朋友经常会提到的问题：

（1）不同的交易模型，对于市场环境、技术要点、题材等等的要求各不相同。初学者常常把技术混用于不同的大盘环境之下、不同的交易模型之中，导致技术失效，从而把问题归咎于技术，其实技术本身没有性质，只是技术在不同的大盘环境和交易模型中的应用效果不同而已。

比如烂板，本身并没有性质。

在底部区间，属于建仓行为，是好的指标，而在高位，属于借涨停出货，是不好的指标。大盘环境良好，烂板很容易出短线牛股，大盘环境很差，烂板是股性转弱的信号。我们不能单纯去评价"烂板"本身是好是坏，离开大盘环境或者位置去谈论技术指标，是片面的。

（2）再如，不同交易模型的个股启动之后，对拉升中成交量的要求各不相同。短线模型要求拉升中保持持续换手，才能够持续上涨。中长线模型要求拉升中保持更强的控盘锁筹能力。离开模型谈技术，是技术失效最常见的原因之一。

（3）再如，价值投资的中长线模型，一定要有业绩作为保障，才能使得投资者坚定持股。而短线模型的很多妖股，基本面不堪入目，深入研究之后反而不敢下手。

短线模型更多是参考市场情绪、赚钱效应、题材大小以及发酵的持续性，短线模型对基本面的依赖度不高。当然，我不是否认所有短线炒作都不需要基本面支持，短线个股能够同时具有优良基本面更好。如果短线模型一定要在基本面和市场资金之间做出选择的话，果断选择后者，不用迟疑。

飞马国际（002210）完全没有基本面的支撑，但是有市场资金的认可和炒作的题材，赚钱效应明显，丝毫不影响其短线的爆发力和股性的强大。如图8-10所示。

图 8-10　短线模型中，资金的运作比基本面更重要

（4）"我"认为这只股票会有好的表现。

这种情况有一些主观和片面，这两个问题归根结底属于同一个范畴，那就是"股票上涨到底是由什么来推动的"这一问题。想要做好股票，一定要改掉之前"我认为""我觉得"这些主观判断，市场不会很在意"你"的意见。市场资金才是最聪明的，市场资金觉得哪只股票可以启动和炒作，那才是真正的确定性。

（5）我觉得这家公司的基本面更好，所以它的表现应该更好，拿着更放心。

基本面到底属于什么？说白了，价值投资其实就是众多题材炒作的一种，与炒作"概念"相比，其炒作的题材是"业绩"。而题材能否爆发，何时爆发，完全取决于市场资金的意愿。

个股的启动、爆发、股性均是由市场资金决定和驱动的，我们要做的，就是发现并跟随这些聪明的有实力的市场资金。不要把自己的交易禁锢在"我认为""我觉得"这些主观判断当中，所谓的图形漂亮，正是市场资金运作之后的体现，掌握了资金运作的规律和方法，看得懂图形，不是多难的事。

读完整本书，相信大家对开篇的"趋势交易体系核心理论"有了更加深刻的理解和体会。

趋势为主导，波段来操作。

选股选龙头，顺着题材走。

动手抓启动，不要去死守。

止损要果断，仓位控风险。

盈多胜小亏，时间好伙伴。

　　理论技术的学习和总结，知行合一的能力和修炼，投资交易体系的建立和完善，都是永无止境的！需要在长期的交易训练中，通过时间和经验完成积累。我们一直在路上，永远不要妄自菲薄，永远不要自以为是，即使将来小有所成，也要时刻清楚，你所取得的成就不是因为你有多牛，而是市场行情给予的机会和财富，只是你恰巧具备了认知和跟随这种机会的能力。永远保持谦虚，永远保持对市场的尊重和敬畏，才能够不断地实现自我，超越自我，在投资中找到真正的快乐！

本章小结

　　止损和仓位管理是控制交易风险最有效的方法，建立成熟完善的投资交易体系，必须设立和完善止损条件和仓位管理。

> 错误并不可耻，可耻的是错误已经显而易见了，却还不去修正。
>
> ——乔治·索罗斯

第九章　个股实战案例

通过本书对趋势交易的基本理念、技术方法和交易原则等内容的学习，相信广大读者对股市的运行规律有了更加深入和系统的认知。基本理念和技术固然重要，然而进入股市获取稳定的收益，并非一朝一夕能够实现，还有相当长的路要走。一方面，需要对基本理念和技术反复地学习、体会、吸收、总结；另一方面，运用少量资金进行实战训练，将理论知识与实践经验相结合，形成属于自己的投资交易体系。

作者挑选了近几年来的部分交易记录，以实战案例的形式进行演示和讲解，希望能给广大读者以更多的启示。部分交割单是在 2015 年 6 月暴跌之后的一些操作，熊市中能够取得满意的成绩更加不易，希望通过实盘操作来验证趋势交易体系的有效性和实战性。

第一节　A股大级别底部和头部的判断依据

趋势交易体系形成的基础有：

一、股市运行的内在规律

股市的运行形势可分为上升趋势、震荡趋势（阻尼运动）和下降趋势。大趋势看周线级别，小趋势看日线级别。

股市运行在周 M60 之上同时趋势支撑线向上为上升趋势，股市运行在周 M60 之下同时趋势支撑线向下，为下降趋势。

二、筹码与资金的博弈

筹码与资金的博弈，引发了成交量的变化；成交量的变化，推动了趋势的运行和发展。量能变化不明显时，原来的运行趋势不易发生转变；量能明显放大或缩小，容易引发趋势发生转变。

筹码的转移伴随着趋势运行的每一个周期，市场波动的本质就是筹码与资金之间的博弈。我经常问学生，如果把股市中所有的因素去掉，政策、消息、基本面、技术分析等统统一把火烧掉，最后股市中还能剩下什么？答案是只能剩下资金和筹码这两个要素。

股票的走势表面上体现在股价的变化上，内在本质却体现了持仓成本的转变。持仓成本的转变，一方面是指持仓筹码由一个价格向另一个价格转换的过程；另一方面是指市场中持仓筹码数量的转换。当持仓筹码的价格不断升高，市场上缺少持续新增资金进场，就无法继续维持过高的股价。或者，由于主力资金的派发，底部筹码松动，市场中的高位筹码突然大量增加，市场上缺少持续新增资金进场购买筹码，这两种情况都会引发市场见顶。筹码和资金的博弈关系，可以清晰客观地解释牛市头部区间天量见天价的现象。

三、大盘指数的运行周期

大盘的趋势运行看周线，A 股运行的大周期大致是 5~10 年，平均 6~7 年左右完成一次牛熊轮回。本人通过运用趋势、筹码、周期等理论和方法，将大盘指数运行的一轮完整牛熊分成了 8 个小周期：

（1）牛市启动阶段。

（2）主升段（由数个上升通道组成）。

（3）头部区间。

（4）主跌段（跌破趋势支撑线及 M60 区间、M120 小平台下的区间）。

（5）除杂草区间。

（6）向下砸出建仓空间。

（7）资金大级别建仓区间。

（8）洗盘磨底区间。

四、影响股市运行的其他因素

1. 宏观流动性

宏观流动性对于股市来说，是非常重要的影响因素。例如，2015

年我国国内开始去杠杆、去产能、去负债，造成了流动性紧缩。2015年12月美国进入加息和缩表周期，对全球的流动性造成了巨大影响。流动性紧缩势必将增加实体经济风险，加速了2015年6月之后的熊市形成。

另外，实体经济的长时间通胀也是熊市产生重要影响因素，可以持续关注 CPI、PPI 等经济指标的变化。

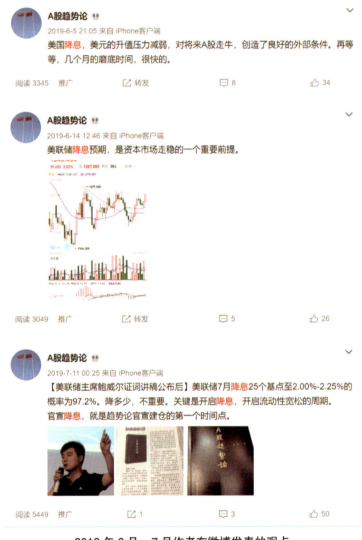

2019 年 6 月—7 月作者在微博发表的观点

进入 2019 年，缩表周期结束，美联储开始降息，同年全球各国和地区陆续宣布降息，之后势必释放大量的流动性，这是 2019 年之后牛市产生的宏观基础。

2.A 股的历史估值

对于 A 股的历史估值，个人习惯是作为一个参考项，而不是决策项。例如，2005 年 6 月 998 点附近，A 股上市公司破净的数量大概是 170 多家，占当时全部上市公司的 13.5%；2008 年 10 月 1664 点附近，A 股上市公司破净的数量大概是 210 多家，占当时全部上市公司的 14%。2018 年 12 月 2440 点附近，A 股上市公司破净的数量大概是 380 家，占当时全部上市公司的 11% 左右。

上市公司整体的平均市盈率估值等也可以作为参考。

第二节　关于 2014 年大级别底部区间的判断

2014 年 7 月 31 日，如图 9-1 所示，作者在微信圈公开发表观点：底部特征出现，又到股市抄底时。

这是从 2007 年 6124 点见顶、2008 年全球次贷危机以来，5-7 年间第一次出现的趋势性买入机会。作者运用趋势理论和方法，及时精准地判断出底部区间和启动点。

（1）2014 年 7 月 31 日之前，周 K 线级别的趋势支撑线由斜向下逐渐变得平行，这是下降通道关闭的信号。趋势支撑线走平之后，进而

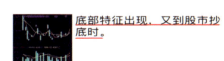

图 9-1　预判牛市底部出现

图 9-2　上证指数趋势支撑线出现拐点

转为斜向上。如图 9-2 所示。

（2）周 K 线有效突破了 M60，并持续站稳 M60。如图 9-3 所示。

（3）成交量长期缩量运行之后，出现持续温和放量，表明有新增资金持续进场。

（4）启动之前，上证指数周 K 线级别的筹码分布呈底部高度密集状态，高位套牢筹码及浮筹全部消失，这是大级别行情见底的重要特征。如图 9-4 所示。

图 9-3　上证指数温和放量站稳周 M60

综合以上分析，作者得出结论：行情已经见底、逐渐出现大级别趋势性拐点、上升通道启动等。

2014 年 9 月 3 日，作者在微信圈再次公开发表观点：验证一个月

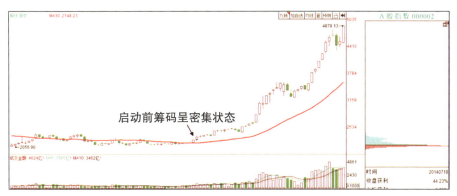

图 9-4　上证启动前的周线筹码分布

图 9-5　又到卖房炒股时

之前的判断，难得一遇的机会又来到了，又到卖房炒股时。如图 9-5 所示。

当然，作者并不是要鼓励大家去卖房子炒股，而是为了表达趋势拐点已经出现，等待数年的机会已经来到。此时，行情已经继续运行了一个多月的时间，趋势更加明朗可靠。周 K 线也逐渐出现了短、中、长期均线多头排列的技术形态，这是行情持续稳定进入上升通道的重要特征。如图 9-6 所示。

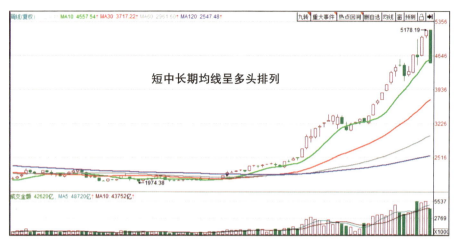

图 9-6 上证指数周 K 线多头排列

第三节 关于 2015 年 6 月大级别头部区间的判断

2015 年 6 月 4 日，作者在微信圈公开发表观点：幸运的话，上午卖出股票，应该在历史最高点。如图 9-7 所示。

后来事实证明，2015 年 6 月 4 日指数收盘是 4947.10，并不是历史最高点，最高点出现在一周之后的 5178.19。巴菲特说过，没有人能够精准地判断出点位，作者也做不到，这也不是趋势交易体系所要追求

图 9-7 判断牛市头部形成

的。趋势交易体系是根据客观事实进行分析和判断，确认趋势转换的拐点，比买在最低点和卖在最高点更加重要。

（1）行情持续上涨，已经积累了巨大的涨幅，甚至出现了阶段性的天量天价，此时需要对行情进行预判，警惕已经运行至头部区间。

2015年6月4日出现了一根巨量的长下影线，高位放巨量并且振幅巨大，表明多空双方在高位发生了明显分歧，并伴有大量筹码的交换，这是重要的见顶特征之一。如图9-8所示。

图9-8 上证指数在高位发生明显分歧

分时图表现为前半场放量大幅下跌、后半场放量拉升修复的日内双子顶的技术形态。如图9-9所示。

至此，行情尚未出现趋势指标的改变，只是出现了多空双方首次强烈的分歧，如天量天价、分时巨震、双子顶及MACD背离等指标，属于线上的见顶特征。明确的见顶信号，需要趋势拐点出现之后才能够确认。

（2）2015年6月18日一根跌幅为3.67%的大阴线跌破了上升通道的趋势支撑线，出现了明确的趋势拐点，正式宣告本轮趋势性行情结束。如图9-10所示。

虽然2015年6月23日出现了一根涨幅为2.19%带有长下影线的阳线，给人以下跌受到强大支撑的错觉，但是作者在当天微信圈公开发表观点：本轮牛市已宣告结束，接下来的，只是反弹，不是反转。

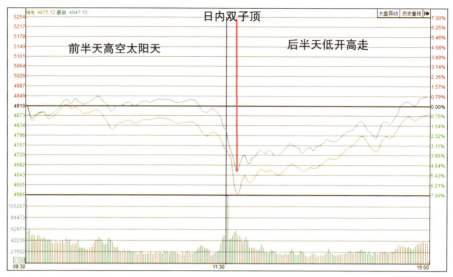

图 9-9 分时表现为日内双子顶

图 9-10 跌破趋势支撑线及 M30

如图 9-11 所示。

因为跌破趋势支撑线之后，顺势跌破了 M30，后市形成后顶的概率很小，多直接去考验 M60 的支撑。

日线级别的"V"形反弹根本无法扭转下跌趋势。两个交易日之后，2015 年 6 月 26 日一根 7.40% 的大阴线跌破 M60，上升通道正式封闭，上涨趋势终结，本轮牛市行情彻底结束。

图 9-11　宣告牛市已经终结

第四节　关于 2018 年底——2019 年初大级别底部区间的判断

2018 跨年时整个市场情绪低落，5 月至年底下跌了 1000 多点，当时市场上最大的呼声是要跌到 2000 点或 1800 点，极度悲观。在这种市场氛围中，我将这篇跨年文章发表在微博上。如图 9-12 所示。

A股趋势论

2018-12-28 20:43 来自 iPhone客户端

18年的交易时间已经过去，一段可悲可泣的不堪回首！唯一感到欣慰的是，今年总算跑赢了指数，青山还在，不怕没柴！19年会稍微好过一点，大胆做几个预测，如有雷同，纯属实力😄一、19年极有可能见到下一轮牛市的历史大底，是未来数年的投资元年。二、19年是建牛棚期，提供了大量的低估公司及投资机会。三、19年至少有一次大级别的反弹行情，如果第一次反弹出现的时间较早，那么年内将可能出现两次大级别反弹。当然，反弹之后，还会回到原点。四、《A股趋势论》的读者遍布全国各地，而且大家养成了点赞、转发或发红包的习惯，并且热情邀请请我吃饭！感谢所有朋友们的支持和信任，感谢18有你，19我们不离不弃！收起全文 ∧

图 9-12　2018 年 12 月 28 日微博发表跨年文章

我当时做了几个预判：

（1）2019年是未来的投资元年，可能见到历史大底。

（2）2019年是牛棚期，提供了大量低估的个股和机会，到了2019年将会牛股辈出。2019年会有大级别反弹，如果反弹出现的早，将会出现两次大级别反弹。

（3）反弹之后，各自返回原点。

进入2019年之后，如作者跨年文章的预判，爆发了春季行情。如图9-13所示。春季行情作者是以大级别反弹行情对待的，因此大部分交易是以三成仓位、短线操作为主，收录了约40个涨停板，所有交割单均同步公开在微博上。

之后就一直在等待重要的转折点——美联储开启降息周期和缩表周期结束的消息。2019年8月1日，作者发表微博文章：美开启降息周期、缩表周期结束，这是一个历史性的转折。如图9-14所示。本人的投资策略将开始逐步加重中长线仓位的配置，大幅增加仓位。如图9-15所示。

大盘指数的运行是有规律可循的，这是趋势交易体系当中最核心的内容，由于本书篇幅有限，就不展开了，以最近的一个牛熊周期进行举例说明。

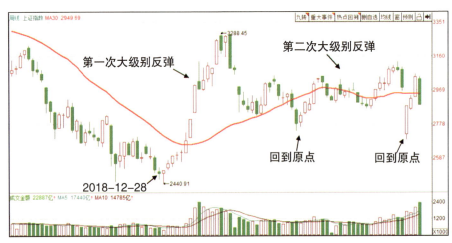

图9-13　跨年文章中的预判在2019年全部实现

图 9-14 微博观点

图 9-15 作者官宣：长线仓位进行加仓

1. 牛市启动

2014 年 7 月、8 月至 10 月。

2. 主升段

（1）第一轮主升段：2014 年 10 月—2015 年 1 月。

（2）第二轮主升段：2015 年 3 月—4 月底。

（3）第三轮主升段：2015 年 5 月—6 月。

3. 头部区间

高位分歧，5 月 28 日—6 月 8 日。

4. 主跌段

（1）第一轮主跌段：跌破趋势支撑线和 M60，自 2015 年 6 月 25 日开始。

（2）第二轮主跌段：M120 小平台之下，自 2015 年 8 月 20 日开始。

5. 除杂草

自 2015 年 8 月 27 日开始，2018 年 3 月结束。

6. 向下砸出建仓空间

自 2018 年 3 月开始，2018 年 12 月结束。

7. 大级别建仓

自 2019 年 2 月—9 月。

8. 洗盘阶段

9.2019 年 12 月开启首轮主升行情

通过前期的运作，创业板出现了大规模的建仓行为，表现出独特的气质，作者在 2019 年 8 月 15 日发微博预测：创业板是本轮牛市的急先锋。如图 9-16 所示。这是作者之前就一直坚持的观点，之后的半年时间，创业板一直明显强于上证指数。如图 9-17、9-18 所示。

图 9-16　微博观点

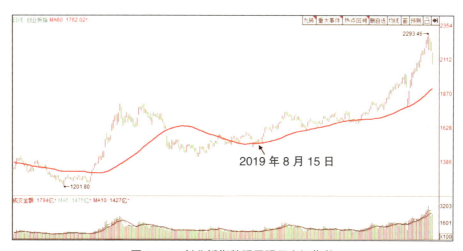

图 9-17　创业板指数明显强于上证指数

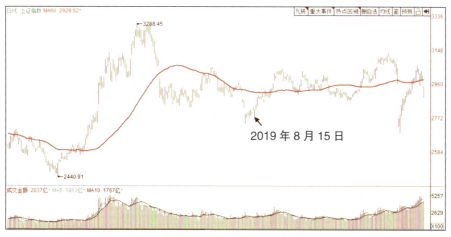

图 9-18　上证指数弱于创业板指数

第五节　如何抓住资本市场的主线投资机会

在 A 股市场投资，一定要学会读懂国家的相关政策，市场中的主线往往存在于这些政策和发展规划当中。

每一轮牛熊运行周期，都会有市场主线，不要跑偏。大部分投资者浪费行情的原因主要有三个：

（1）对牛熊趋势周期的转换不清楚、反应迟钝。

（2）无法把握市场中的主线，行情来了，没有参与主线板块。

（3）错过主线板块中领涨的品种或者选择太多、无法聚焦。

每一轮牛熊运行周期，在三个方向容易出现主线：

1. 国家核心战略，也是国家核心矛盾

国家核心战略（矛盾）一定是资本市场中的主线，甚至是全社会、实体经济中的主线，这个方向是我们做投资必须要首先明确的。

主线的特点是格局大，周期长，贯穿牛熊，不容易受到股市周期的影响。国家核心战略可以贯穿牛熊，比如新能源汽车这条主线，以德赛电池为代表的首轮行情从 2008 年开始，再到 2016 年的新能源汽车行情，以"多氟多，赣锋锂业"为代表，直至 2019 年以"宁德时代、比亚迪"为代表的本轮牛市，周期特别长，穿越牛熊。

2. 行业产业的业绩拐点

可以分为经济衰退期的业绩拐点和经济复苏期的业绩拐点。

经济衰退期的业绩拐点主要集中在消费类行业，如食品、白酒、健康等。

经济复苏期的业绩拐点主要集中在周期类的品种，复苏期的周期品种与国家的核心战略密不可分。如 2015 年之前，国家核心战略以基础建设为主，出现拐点的相关周期类品种就是水泥、钢铁、铜钾等。2015 年之后，国家核心战略以能源问题为主，相关的周期类品种就是锂镍钴硅、磷化工、氟化工等。

3. 爆发高科技革命

高科技革命在每一轮牛市都会出现，具有鲜明的时代特征。2013—2014年牛市中的互联网金融，2018—2019年牛市中出现的5G技术。这个方向的爆发力也是很强的，与国家核心战略的区别是运行的周期可能会短一些，多生存在牛市行情，不能跨越牛熊。

市场资金对主线板块分支的炒作，大多是遵循自上而下的原则。

首先，上游原材料最容易被资金挖掘，相关行业产业的爆发，直接影响上游原材料的供求关系，导致价格上涨，这是最简单粗暴的逻辑。

其次，选择行业中具有核心技术或市场主导地位的头部企业，这是最容易产生中军品种的赛道。

再次，选择与题材相关的下游企业及蹭概念的分支。

因此，我们的投资重点应该放在上游原材料和头部企业。

以新能源汽车和清洁能源光伏为例进行说明。

	新能源汽车	清洁能源光伏
上游原材料	锂、钴、镍（天齐锂业等）	硅（合盛硅业等）
头部企业（核心技术或设备）	宁德时代、比亚迪等	隆基股份、阳光电源等
下游相关	由市场资金来选择和确定分支题材、炒作的节奏等。	

主线板块的上游原材料

在A股市场，如果能够找到主线板块，又能够找到主线板块中的上游原材料，这是最简单、暴力的投资机会。

光伏的分支，包括上游原材料"硅"，光伏头部企业、逆变器、储能等。从2006年的无锡尚德，再从2019年至今，以及未来很长的一段时期，清洁能源都属于主线板块，特点就是格局大，持续周期长，贯穿牛熊。

未来5—10年内，国家的核心战略会聚焦到能源问题。从2015年开始，能源问题逐渐由化石类能源（石油、煤炭等），向清洁新能源（光伏、风电等）转变，二级市场也从"一带一路"的化石类能源向光伏、风电、储能、特高压等清洁能源方向转换。

尤其是我国关于"碳中和"的承诺，非常有底气，主要得益于我国新能源汽车行业的弯道超车和全球最完整的光伏产业。

正如前面所讲，光伏板块是清洁新能源这条主线的重心，光伏的上游原材料就是硅，这样的逻辑思路会很清晰，而且非常容易聚焦。

前期工作准备好，交易方面选择合适的进场点位就相对容易了，合盛硅业（603260）属于光伏产业的上游原材料企业，原材料硅一定是最先出现供求关系变化的，随着光伏产业的发展，随之而来的结果就是硅涨价。二级市场方面只要出现进场信号，分批建仓即可。如图9-19、9-20所示。

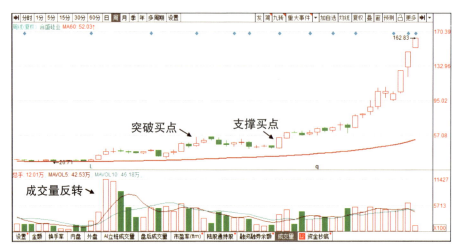

图 9-19　合盛硅业（603260）主线板块的上游原材料

详情	
委托日期	20210203
委托时间	09:57:42
证券代码	603260
证券名称	合盛硅业
买卖方向	买

图 9-20　合盛硅业（603260）交割单

第六节 行业风口成就牛股

2019—2020年半导体芯片进入到行业景气周期，由于"国际贸易冲突"的深化，国家大力支持和发展半导体芯片产业，以之为代表的高科技板块异常火爆。选股首先要判断整个行业是否处于风口，是否具有国家级别或产业级别的政策利好支持，半导体芯片板块正好符合。

通富微电（002156）正处于政策利好和题材风口当中，从2019年8月至12月开始搭建M60之上的起飞平台，2019年12月9日一个跳空高开的仙人指路突破了起飞平台，发出明确的突破信号，出现了趋势的拐点，开盘即买入。如图9-21、9-22所示。

关于本次操作，我的经验和体会有：

（1）选股要选择大格局的题材，选择处于行业产业风口上的题材，"顺着题材走"就是要踩准题材风口的节奏。

（2）根据趋势交易的原则和技术来把握启动点，在个股没有启动之前，主观上再看好，也不应该马上交易，提前埋伏尚未开启上升通道的个股，所要付出的时间成本和试错成本要高很多。"动手抓启动，

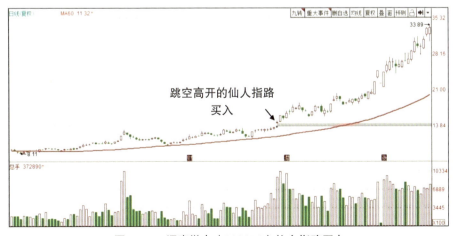

图9-21　通富微电（002156）仙人指路买点

图 9-22 通富微电（002156）的交割单

不要去死守"就是这个意思。

选股有时候不是股票甲好还是股票乙好的问题，往往最后都有表现，区别是哪一只股票率先启动、率先迎来题材风口而已。

类似的交易还有：

2021 年 7 月，汽车芯片的风口到来，众多标的中，选择符合自己交易模型的个股，收益一般都会不错。像北京君正（300223），出现周线级别的买点，4 周时间的收益就接近翻倍。如图 9-23、9-24 所示。

图 9-23 北京君正（300223）周线级别买点

图9-24 北京君正（300223）的交割单

图9-25 作者在读者群的交流观点

2021年7月中上旬，光伏、储能的风口到来，至本书截稿，仍在持续发酵中。众多个股中，我选择交易了科士达、百川股份等，4周的时间收益翻倍。如图9-25、9-26、9-27所示。

图9-26 科士达（002518）周线级别买点

< 历史成交详情	< 历史成交详情
成交日期　2021.07.12	成交日期　2021.07.12
成交时间　09:44:05	成交时间　09:50:05
证券名称　科士达	证券名称　科士达
证券代码　002518	证券代码　002518
操作　　　买入	操作　　　买入
< 历史成交详情	< 历史成交详情
成交日期　2021.07.12	成交日期　2021.07.12
成交时间　09:52:41	成交时间　10:42:54
证券名称　科士达	证券名称　科士达
证券代码　002518	证券代码　002518
操作　　　买入	操作　　　买入

图 9-27　科士达（002518）的交割单

第七节　政策支持＋题材＋业绩拐点＝大牛股

一般来说，同时具备政策支持、题材和业绩拐点这三个条件的，往往能出长线大牛股，多氟多（002407）就是集这三个要素于一身的品种。这是作者在 2016 年熊市中交易的中长线个股，在当时低迷的市场环境下，多氟多（002407）一枝独秀上涨了 3 倍，这比在牛市中实现翻倍的个股更加难能可贵。

市场进入 2015 年 10 月，大盘经历了 M120 小平台的暴跌洗礼，之后出现震荡区间。震荡区间的市场氛围相对稳定，提供了一个相对安全的操作环境。2015 年正值新能源快速发展时期，国家明确提出了一系列支持新能源产业的政策，尤其是新能源汽车领域。其中，新能源电池中的重要原材料——碳酸锂概念被推到了风口，锂电池板块开始出现异动。

出于对锂电池板块的看好，我进行了跟踪研究，发现板块中有两只个股的表现很活跃，于是 2015 年 10 月 15 日在微信圈公开发表观点：看好锂电池板块，并明确指出一线龙头多氟多，二线龙头赣锋锂业。如图 9-28 所示。

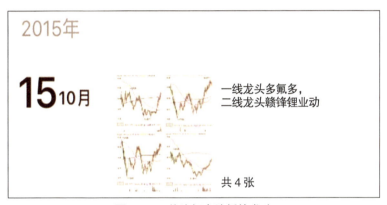

图 9-28　关注锂电池板块龙头

作者在多氟多（002407）启动后的回踩确认时进行买入。2015 年 10 月 19 日早盘下跌 2%，对 M10 进行回踩确认，当即进行买入操作，当天以涨停板报收，之后股价扶摇直上一直涨到 100 元以上。如图 9-29、9-30、9-31 所示。

强势股启动之后，每次回调都会受到短期均线的支撑（M5 或 M10），在不跌破支撑均线的前提下，每次回调都是加仓机会。买入当天，创业板指数出现跳水，而多氟多（002407）却走出了独立行情，更加印证了主力资金实力之强。如图 9-32 所示。

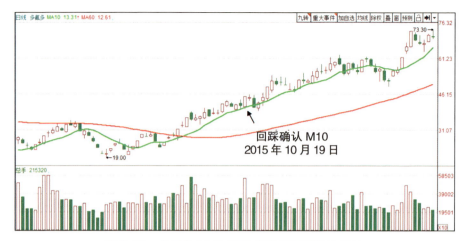

图 9-29　多氟多（002407）启动后回踩确认 M10

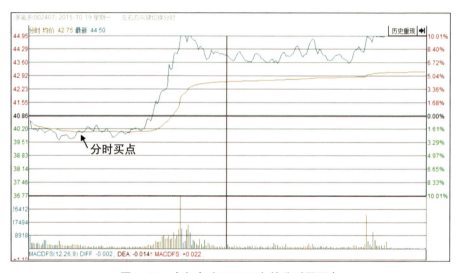

图 9-30　多氟多（002407）的分时图买点

图 9-31　多氟多（002407）的交割单

图 9-32　多氟多（002407）分时明显强于指数

第一轮上升通道封闭之后，多氟多（002407）经过"空中加油"，又开启了第二轮上升通道，直至涨到 115 元见顶。

在 2015 年大盘熊市的环境中，多氟多（002407）走出了一波独立行情，经历了两轮上升通道及一次"空中加油"，如图 9-33 所示，成为 2015 年之后名副其实的大牛股。

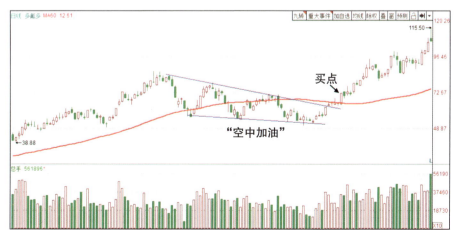

图 9-33　多氟多（002407）"空中加油"

本章小结

2000 年的一个早上，杰夫·贝索斯给巴菲特打电话，问："你的投资体系那么简单，为什么你是全世界最富有的人，别人却做不到和你一样的事情？"巴菲特回答说："因为没有人愿意和我一样，慢慢地变富。"

> 股市只有一面，不是多头的一面或空头的一面，而是正确的一面。
>
> ——杰西·利弗莫尔

图 9-34　在舵手读书会讲解大级别趋势研判技巧